PASSOS
DE GIGANTE

TONY ROBBINS

PASSOS
DE GIGANTE
Pequenas mudanças que fazem grande diferença

Tradução
ALVES CALADO

7ª edição

Rio de Janeiro | 2019

CIP-BRASIL. CATALOGAÇÃO NA PUBLICAÇÃO
SINDICATO NACIONAL DOS EDITORES DE LIVROS, RJ

R545p
7ª ed.

Robbins, Tony
Passos de gigante: pequenas mudanças que fazem grande diferença /
Tony Robbins; tradução Alves Calado. – 7ª ed. – Rio de Janeiro: Best*Seller*, 2019.

Tradução de: Giant steps
ISBN: 978-85-4650-046-8

1. Qualidade de vida. 2. Técnicas de autoajuda. 3. Bem-estar. I. Calado, Alves.
II. Título.

CDD: 613
CDU: 613

17-41873

Texto revisado segundo o novo Acordo Ortográfico da Língua Portuguesa.

Título original:
GIANT STEPS

Copyright © 1994 by Anthony Robbins.
Copyright da tradução © 1994 by Editora Best Seller Ltda.

Publicado mediante acordo com a Fireside, uma divisão da Simon & Schuster, Inc

Design de capa: O Porto Design
Imagem de capa: Getty Images

Todos os direitos reservados. Proibida a reprodução,
no todo ou em parte, sem autorização prévia por escrito da editora,
sejam quais forem os meios empregados.

Direitos exclusivos de publicação em língua portuguesa para o Brasil
adquiridos pela
EDITORA BEST SELLER LTDA.
Rua Argentina, 171, parte, São Cristóvão
Rio de Janeiro, RJ – 20921-380
que se reserva a propriedade literária desta tradução

Impresso no Brasil

ISBN 978-85-4650-046-8

Seja um leitor preferencial Record.
Cadastre-se no site www.record.com.br e receba informações
sobre nossos lançamentos e nossas promoções.

Atendimento e venda direta ao leitor
sac@record.com.br

SUMÁRIO

Introdução 7

Parte 1. Sonhos de destino 9
Decisões e Objetivos

Parte 2. Como conseguir o que você realmente deseja 43
Dor/prazer e estado mental

Parte 3. Poder de criar, poder de destruir 73
Crenças

Parte 4. As perguntas são as respostas 107
Perguntas

Parte 5. O truque da mudança 141
A ciência do condicionamento para o sucesso

Parte 6. O vocabulário do sucesso 173
*O poder do Vocabulário Transformacional e
das metáforas globais*

Parte 7. Como usar seus sinais de ação 205
Emoções

Parte 8. O desafio mental de dez dias 239
O desafio mental e o sistema central de avaliação

Parte 9.   Sua bússola pessoal   273
Valores e regras

Parte 10.   As chaves para a expansão   305
Identidade e referências

Parte 11.   Juntando tudo   339
Saúde, finanças, relacionamentos e código de conduta

Parte 12.   O presente supremo   371
Contribuição

INTRODUÇÃO

Caro leitor,

Bem-vindo! Sei que, independentemente de quem você seja, do sucesso que já tenha alcançado na vida e dos desafios que possa estar enfrentando, foi seu desejo de *resultados* que o trouxe a este livro. Como companheiro de viagem nessa espantosa jornada que é a vida, cumprimento-o pela dedicação e pelo empenho. Prometo que, se você "participar do jogo" comigo nas próximas páginas, terá recompensas muito acima de suas expectativas.

Passos de gigante baseia-se nos melhores instrumentos e princípios, técnicas e estratégias apresentados em meu best-seller *Desperte seu gigante interior*.* Tive dois objetivos ao escrever *Passos de gigante*: primeiro, inspirá-lo; segundo, canalizar essa energia para resultados mensuráveis, levando-o a realizar ações simples. Juntos, esses estímulos diários e pequenas ações induzirão passos de gigante em direção à qualidade de sua vida.

Este manual foi projetado para se adaptar ao seu estilo de vida agitado, ajudando-o a transformar essas filosofias, estratégias e técnicas em pequenos bocados que possam ser digeridos em alguns minutos a cada dia. Ele vai guiá-lo desde o simples poder da decisão — um passo fundamental para qualquer mudança na vida — até os instrumentos mais específicos e precisos que podem definir a qualidade de seus relacionamentos, suas finanças, sua saúde e suas emoções.

---

* Publicado no Brasil pela Editora BestSeller. [*N. do E.*]

Use *Passos de gigante* como fonte de inspiração e de ação da melhor maneira para você — seja lendo em sequência (a melhor abordagem) ou saltando de uma parte para outra e encontrando as passagens que preferir. Meu objetivo é ajudá-lo a alcançar os melhores resultados possíveis com o mínimo investimento de tempo — e proporcionando informações suficientes para serem usadas o ano inteiro.

Acima de tudo, eu o convido e desafio a praticar imediatamente o que lê. Afinal de contas, de que serve o estímulo se não for acompanhado da ação?

Obrigado por deixar que eu partilhe com você essas habilidades. Espero que encontre nestas páginas alguma coisa — mesmo que apenas uma frase, um pensamento animador, uma ideia poderosa — capaz de tocá-lo de modo específico. Se isso acontecer, estarei me sentindo feliz.

Espero encontrá-lo pessoalmente algum dia. Até lá, lembre-se de *viver com paixão*!

Tony Robbins

PARTE 1

SONHOS DE DESTINO

Decisões e objetivos

"Nada acontece antes de ser sonhado."

— CARL SANDBURG

1

Todos nós temos sonhos... Todos queremos acreditar, no fundo de nossa alma, que temos um dom especial, que podemos fazer a diferença no mundo, que podemos tocar os outros de algum modo especial, e que podemos transformar o mundo em um lugar melhor.

Pense em uma de suas aspirações. Talvez seja um sonho que você esqueceu ou que começou a abandonar. Se essa visão estivesse viva hoje em dia, como seria a sua vida?

Tire um momento, agora mesmo, para sonhar e pensar no que realmente quer da vida.

2

O que importa não é o que fazemos de vez em quando, e sim nossas ações contínuas. E quem é a mãe de todas as ações? O que determina, em última instância, o que somos e para onde vamos na vida? A resposta: as nossas *decisões*. Nesses momentos, nosso destino é moldado. Mais do que qualquer coisa, acredito que **nossas decisões — e não as nossas condições de vida — determinam nosso destino.**

3

Quem imaginaria que a convicção de um homem pacato e modesto — advogado por profissão e pacifista por princípio — teria o poder de derrubar um vasto império? Entretanto, a decisão de Mahatma Gandhi, sua crença na não violência como um meio de ajudar o povo da Índia a recuperar o controle de seu país, pôs em movimento uma inesperada corrente de eventos. **Perceba a força de uma simples decisão, seguida de ação imediata e cheia de convicção.** O segredo é assumir um compromisso público, um compromisso tão forte que você não possa recuar. Enquanto muitas pessoas achavam que o sonho de Gandhi era impossível, o compromisso contínuo com sua decisão transformou-o em uma realidade inegável.

O que você também poderia realizar caso invocasse um nível semelhante de paixão, convicção e ação capaz de criar um ímpeto irrefreável?

4

Cada um de nós é dotado de recursos inatos que nos permitem alcançar tudo o que já sonhamos — e mais ainda. **As comportas podem ser abertas por meio de uma decisão, trazendo-nos alegria ou tristeza, prosperidade ou pobreza, companheirismo ou solidão, vida longa ou morte breve.**

Eu o desafio a tomar hoje mesmo uma decisão que possa mudar ou melhorar imediatamente a qualidade de sua vida. Faça alguma coisa que vem adiando... aprenda alguma habilidade nova... trate as pessoas com mais respeito e compaixão... ligue para alguém que não vê há anos. Saiba apenas que *todas* as decisões têm consequências. Mesmo não tomar decisão alguma é um tipo de decisão.

Que decisões você tomou ou deixou de tomar no passado e que influenciam fortemente sua vida atual?

5

Em 1955, Rosa Parks tomou a decisão de desafiar uma lei injusta que a discriminava em função de sua cor. Sua recusa a dar o lugar no ônibus para um branco teve consequências que foram muito além do que ela podia imaginar no momento. Será que ela havia pretendido mudar a estrutura de uma sociedade? Não importa qual foi a intenção, seu compromisso com um padrão mais elevado a levou a agir.

Que efeitos de longo alcance podem ser postos em movimento, se hoje mesmo você elevar os padrões de sua vida e tomar uma verdadeira decisão de viver de acordo com eles?

6

Todos nós já ouvimos falar de pessoas que foram muito além das próprias limitações e se tornaram exemplos do poder ilimitado do espírito humano.

Você e eu também podemos transformar nossa vida em uma dessas inspirações legendárias simplesmente tendo coragem e sabendo que podemos controlar tudo o que acontece em nossa vida. Ainda que nem sempre possamos controlar os eventos de nossa vida, sempre podemos controlar nossas *reações* a eles, e as atitudes que tomamos a partir disso.

Se existe alguma coisa com que você não esteja feliz — em seus relacionamentos, em sua saúde, em sua carreira —, *decida agora mesmo como vai mudá-la imediatamente.*

7

Quanto mais decisões você toma, melhor se torna em tomar decisões. Os músculos ficam mais fortes com o uso, e o mesmo acontece com seus músculos decisórios. *Hoje mesmo tome duas decisões que você vem adiando: uma fácil e uma que seja de alcance um pouquinho maior.* Imediatamente, realize a primeira ação, no sentido de cumprir cada uma dessas decisões — e siga com o próximo passo amanhã. Fazendo isso, você estará fortalecendo o músculo que pode mudar toda a sua vida.

8

Devemos nos comprometer com o aprendizado a partir de nossos erros, em vez de lamentá-los. Caso contrário, estaremos destinados a repetir nossos erros no futuro. Quando você se sentir temporariamente por baixo, lembre que não existem fracassos na vida. Só existem resultados. Pense no ditado: **O sucesso resulta do bom julgamento, o bom julgamento resulta da experiência e, frequentemente, a experiência resulta do mau julgamento!**

O que você já aprendeu com um erro do passado e pode usar para melhorar sua vida hoje em dia?

9

O sucesso e o fracasso geralmente não são resultado de um único acontecimento. O fracasso resulta de você não ter dado aquele telefonema... de não andar mais um quilômetro... de não dizer "Eu te amo". Assim como o fracasso segue essa corrente de pequenas decisões, o sucesso resulta de tomar a iniciativa e seguir em frente... persistindo... expressando com eloquência a profundidade de seu amor.

Que ação simples você pode realizar hoje mesmo para produzir um novo ímpeto para o sucesso em sua vida?

10

Pesquisas vêm demonstrando que as pessoas de sucesso tendem a tomar **decisões rapidamente** e demoram para inverter uma posição bem-pensada. E vice-versa: as pessoas que fracassam geralmente decidem devagar e mudam de ideia frequentemente. Depois de tomar uma boa decisão, agarre-se a ela.

11

Ele passou quase metade da vida preso a um pulmão artificial e a outra metade numa cadeira de rodas. Com tantos desafios pessoais, certamente não está em condições de melhorar a qualidade de vida das outras pessoas. Ou está?

Ed Roberts personifica o poder de um único momento de decisão e comprometimento. Ele se tornou o primeiro quadriplégico a se formar na Universidade da Califórnia, em Berkeley, e trabalhou como diretor do Departamento de Reabilitação do Estado da Califórnia. Defensor incansável dos deficientes, fez pressões junto ao governo para garantir a todas as pessoas o direito de acesso a todos os lugares, e proporcionou muitas inovações que tornaram essas leis possíveis de serem cumpridas.

Não há desculpas. *Tome agora mesmo três decisões que vão mudar sua saúde, sua carreira, seus relacionamentos e sua vida — e aja de acordo com elas.*

12

Como você pode transformar o invisível em visível? O primeiro passo é definir seu sonho com precisão; o único limite para o que você pode alcançar é definido por sua habilidade para definir com precisão qual é o seu desejo. Vamos começar agora a cristalizar os seus sonhos, e nos próximos dias formaremos um plano para garantir a realização.

13

Todos nós temos objetivos, mesmo que não saibamos disso. Não importa quais sejam, eles têm um efeito profundo sobre nossas vidas. Entretanto, alguns de nossos objetivos, como "Preciso pagar a porcaria das contas", são pouco inspirados. **O segredo de liberar seu verdadeiro poder é estabelecer objetivos suficientemente empolgantes para inspirar sua criatividade e acender sua paixão.**

Neste exato momento, escolha conscientemente seus objetivos. Pense em tudo o que vale a pena buscar. Depois, escolha um dos objetivos que mais o empolgue, algo que faça você acordar mais cedo e dormir mais tarde. Marque um prazo para realizá-lo, e escreva um parágrafo descrevendo por que é tão importante realizá-lo nesse prazo. É um objetivo suficientemente grande para que você se sinta desafiado? Para levar você além dos seus limites? Para descobrir seu verdadeiro potencial?

14

Você já comprou uma roupa nova ou um carro novo e em seguida começou a ver outros iguais em toda a parte? É claro que eles já estavam por aí. Por que não tinha percebido até agora?

De modo bastante simples, uma parte do seu cérebro é responsável por eliminar todas as informações que não sejam essenciais à sua sobrevivência e ao seu sucesso. **Assim, muitas coisas que poderiam ajudá-lo a alcançar seus sonhos nunca são percebidas ou utilizadas simplesmente porque você não definiu seus objetivos com clareza (ou seja, não ensinou ao seu cérebro o que é importante!).**

Entretanto, assim que fez isso, você disparou seu Sistema Ativador Reticular (SAR). Essa parte de sua mente se transforma numa espécie de ímã, atraindo qualquer informação ou oportunidade que possa ajudá-lo a alcançar seus objetivos com mais rapidez.

O acionamento dessa poderosa chave neurológica pode literalmente transformar a sua vida em questão de dias ou semanas.

15

DIRETRIZES PARA O ESTABELECIMENTO DE OBJETIVOS
(Programando o seu SAR)

1. Comprometa-se agora em gastar dez minutos por dia, durante os próximos quatro dias, estabelecendo objetivos. (Obs.: Faça um registro permanente desses objetivos numa agenda.)
2. Enquanto faz os exercícios de estabelecimento de objetivos, pergunte-se constantemente: "O que eu desejaria para minha vida caso soubesse que poderia tê-la do jeito que quero? O que eu faria se soubesse que não posso fracassar?"
3. Divirta-se! Imagine que é uma criança de novo. Você está em uma loja de departamentos na véspera do Natal, e vai sentar no colo de Papai Noel. (Lembra-se como era?) Nesse estado de expectativa, nada é grande demais para ser pedido, nada é caro demais, tudo pode ser alcançado...

16

1º DIA: OBJETIVOS DE DESENVOLVIMENTO PESSOAL

Seu sentimento de bem-estar e de enriquecimento pessoal determina o alicerce para qualquer outra realização na vida.

1. Dedique cinco minutos para pensar em todas as possibilidades: *O que você gostaria de aprender? Que habilidades gostaria de dominar? Que traços do seu caráter gostaria de desenvolver? Quem seriam os seus amigos? Quem você seria?*
2. Estabeleça um prazo para a realização de cada um de seus objetivos (seis meses, um ano, cinco anos, dez anos, vinte anos).
3. Destaque o seu principal objetivo a ser realizado no prazo de um ano.
4. Em dois minutos, escreva um breve parágrafo dizendo por que você está totalmente comprometido em alcançar esse objetivo dentro do próximo ano.

17

2º DIA: OBJETIVOS PROFISSIONAIS/ECONÔMICOS

Se você aspira a chegar ao topo de sua profissão e ganhar milhões, ou deseja ser um estudioso e obter riqueza de conhecimentos, agora é a chance de ter certeza de que isso é importante.

1. Dedique cinco minutos para pensar em todas as possibilidades: *Quanto dinheiro você quer acumular? O que deseja alcançar em sua carreira ou empresa? Quanto deseja ganhar por ano? Que decisões financeiras precisa tomar?*

2. Estabeleça um prazo para a realização de cada um dos objetivos (seis meses, um ano, cinco anos, dez anos, vinte anos).

3. Destaque o seu principal objetivo a ser realizado no prazo de um ano.

4. Em dois minutos, escreva um breve parágrafo dizendo por que você está totalmente empenhado em alcançar esse objetivo dentro do próximo ano.

18

3º DIA: OBJETIVOS DE DIVERSÃO/AVENTURA

Se não tivesse qualquer limitação financeira, quais seriam algumas das coisas que gostaria de experimentar? Se tivesse um gênio da lâmpada, disposto a obedecer a todas as suas ordens, o que pediria?

1. Dedique cinco minutos para pensar em todas as possibilidades: *O que você gostaria de construir ou comprar? Quais eventos gostaria de assistir? Que aventuras gostaria de ter?*
2. Estabeleça um prazo para a realização de cada um dos objetivos (seis meses, um ano, cinco anos, dez anos, vinte anos).
3. Destaque seu principal objetivo a ser realizado no prazo de um ano.
4. Em dois minutos, escreva um breve parágrafo dizendo por que você está totalmente comprometido em alcançar esse objetivo dentro do próximo ano.

19

4º DIA: OBJETIVOS DE CONTRIBUIÇÃO

Esta é a sua oportunidade de deixar a sua marca, de criar um legado que faça uma verdadeira diferença na vida das pessoas.

1. Dedique cinco minutos para pensar em todas as possibilidades: *Como você pode contribuir? A quem, ou a quê, você pode ajudar? O que pode criar?*

2. Estabeleça um prazo para a realização de cada um dos objetivos (seis meses, um ano, cinco anos, dez anos, vinte anos).

3. Destaque o seu principal objetivo a ser realizado no prazo de um ano.

4. Em dois minutos, escreva um breve parágrafo dizendo por que você está totalmente comprometido em alcançar esse objetivo dentro do próximo ano.

20

Após estabelecer um objetivo, faça imediatamente algum tipo de ação positiva para sua realização. Estabeleça agora mesmo, um momento para decidir os primeiros passos que deve dar para alcançar o seu objetivo. **O que você pode fazer hoje mesmo para levá-lo adiante?** Até mesmo um passo minúsculo — um telefonema, um compromisso, um rascunho de plano inicial — vai colocá-lo mais perto do objetivo. Em seguida, desenvolva uma lista de coisas simples que pode fazer nos próximos dez dias. Esses dez dias de criação de uma corrente de hábitos e um ímpeto irrefreável vão garantir o sucesso a longo prazo. *Comece agora!*

21

Como você se sentiria tendo conseguido realizar todos os seus objetivos dentro de um ano? Como se sentiria consigo mesmo? Como se sentiria com a vida? Responder a essas perguntas vai ajudá-lo a desenvolver motivos estimulantes para alcançar seus objetivos. **Ter um** *por que* **suficientemente forte vai ajudá-lo a descobrir o** *como.*

Aproveite essa oportunidade para pensar em seus quatro principais objetivos de um ano. Sob cada um deles escreva um parágrafo sobre o motivo de você estar totalmente comprometido com sua realização no período de um ano.

22

O segredo para alcançar os objetivos é o condicionamento mental. Revê--los pelo menos uma vez por dia. *Ponha a lista dos seus objetivos onde você tenha certeza de vê-los todos os dias*: na agenda, sobre a mesa, na carteira ou mesmo no espelho do banheiro, de modo que possa olhá-los quando estiver se barbeando ou se maquiando. **Lembre-se, você se movimenta em direção àquilo em que pensa constantemente.** Este é um meio simples, porém importante, de programar seu SAR para o sucesso.

23

Se sua primeira tentativa de alcançar seus objetivos parecer fútil, você deve passar para alguma outra meta? Absolutamente não! A persistência é um recurso mais valioso até mesmo do que o talento para moldar a qualidade da vida. Afinal de contas, ninguém alcança um objetivo *se interessando* por ele; precisamos *nos comprometer*. Não seria possível que "fracassos" de curto prazo lhe proporcionassem as ideias ou as percepções necessárias para criar um sucesso ainda maior no futuro? Claro que sim!

Agora, enquanto analisava suas tentativas "malsucedidas" do passado, o que aprendeu? Como pode usar essas ideias para criar grande sucesso agora e no futuro?

24

Todas as pessoas de sucesso utilizam consciente ou inconscientemente a mesma fórmula. *Use esses quatro passos simples para alcançar qualquer coisa que deseje.*

A FÓRMULA DEFINITIVA DO SUCESSO

1. Decida o que quer. (Seja preciso! Clareza é poder.)
2. Aja. (Porque o desejo não basta).
3. Perceba o que funciona e o que não funciona. (Não vale a pena continuar gastando energia numa abordagem que não dá certo.)
4. Mude de abordagem até alcançar o que deseja. (A flexibilidade lhe dá o poder de criar uma nova abordagem e um novo resultado.)

25

Na busca de nossos objetivos costumamos pôr em movimento algumas consequências de longo alcance. Será que a abelha delibera sobre o modo de propagar flores? Não, mas no processo de buscar o doce néctar a abelha retém pólen nas pernas, voa até outra flor e coloca em movimento uma maravilhosa reação em cadeia que resulta numa colina coberta de cores. **Do mesmo modo, sua busca de objetivos valiosos provavelmente resultou em benefícios imprevistos para outras pessoas.** Talvez a simples decisão de ligar para um amigo uma vez por mês tenha resultado em várias consequências que você não previu.

De quantos modos outras pessoas vão se beneficiar de seus esforços de hoje?

26

O verdadeiro propósito de um objetivo é aquilo em que ele o transforma, como ser humano, enquanto você o busca. **A maior recompensa é em quem você se transforma.**

Dedique um momento agora para escrever um breve parágrafo descrevendo todos os traços de caráter, todas as habilidades, capacidades, atitudes e crenças que você precisa desenvolver para alcançar todos os seus objetivos.

27

Não adie a alegria e a felicidade. Para muitíssimas pessoas, o estabelecimento de objetivos significa que somente algum dia, depois de terem alcançado algo grande, serão capazes de desfrutar a vida. **Há uma diferença gigantesca entre alcançar algo para ser feliz e alcançar algo com felicidade.** Procure viver todos os dias ao máximo, retirando de cada momento toda a alegria que puder. Em vez de medir o valor de sua vida pelo progresso na direção de um único objetivo, lembre-se de que a direção que você tomou é mais importante do que os resultados temporários.

Qual é a sua direção atual? Você está se aproximando ou se afastando dos seus objetivos? Precisa fazer uma mudança de rota? Está desfrutando a vida ao máximo? *Caso não esteja, faça agora mesmo uma mudança em uma dessas áreas.*

28

Quantas vezes você ouviu alguém reclamar: "É só isso que existe?"

Os astronautas do projeto Apollo, que tinham se preparado durante quase toda a vida para o pouso na Lua, ficaram eufóricos em seu histórico momento de glória. Porém, depois de voltar à Terra aconteceu uma coisa terrivelmente deprimente. Afinal de contas, o que mais havia para procurar? Que objetivo poderia ser maior do que ir à Lua, explorar o espaço sideral? Talvez a resposta estivesse em explorar uma fronteira igualmente desconhecida: o *espaço interior* da mente e do coração.

Todos nós precisamos de um sentimento contínuo de crescimento emocional e espiritual; este é o alimento da alma. À medida que você se aproxima do alcance de seus objetivos, certifique-se de imediatamente imaginar um futuro novo e estimulante.

29

Qual é o objetivo definitivo? Talvez seja o desejo de contribuir com algo coisa de valor. **Encontrar um meio de ajudar os outros — as pessoas com quem nos importamos profundamente — pode nos inspirar por toda a vida.** Há sempre um lugar no mundo para os que desejam dedicar aos outros tempo, energia, capital, criatividade e comprometimento.

Que ato simples, de gentileza, você poderia realizar hoje para outra pessoa? Decida agora, aja, e certifique-se de avaliar como isso faz você se sentir.

30

O venerável comediante George Burns compreende a importância de se ter um objetivo para o futuro. Resumindo sua filosofia de vida, ele disse: "Você precisa ter alguma coisa que o faça sair da cama. Até porque, não consigo fazer nada na cama. **O mais importante é ter um ponto, uma direção em foco.**" Com mais de 90 anos, ele continuava exercitando seu autoestímulo, ainda falava em projetos para o cinema e a TV, e havia marcado uma apresentação no London Palladium no ano 2000 — quando estaria com 104 anos de idade! O que você acha disso como criação de um futuro estimulante?

A maioria das pessoas superestima o que pode fazer em um ano, mas subestima o que pode fazer em uma década. *O que você estará fazendo daqui a dez anos?*

31

Pense em algo que você desfruta ou vivencia hoje, e que antigamente era apenas um objetivo. Muitos obstáculos podem ter surgido no caminho até você alcançá-lo, e, entretanto, atualmente ele faz parte de sua vida. Enquanto segue outros sonhos e encontra obstáculos, lembre-se: você já passou por isso antes, e obteve sucesso!

O espírito humano é realmente inconquistável. A vontade de vencer — a vontade de ter sucesso, de moldar nossa vida, de assumir o controle — só pode ser dominada quando você decide o que quer e acredita que nenhum desafio, nenhum problema, nenhum obstáculo pode afastá-lo do caminho. Os obstáculos são meramente um alerta para reforçar sua decisão de alcançar seus mais valiosos objetivos.

PARTE 2

COMO CONSEGUIR O QUE VOCÊ REALMENTE DESEJA

Dor/prazer e estado mental

"Cada momento grandioso nos anais do mundo
é o triunfo de algum entusiasmo."

— RALPH WALDO EMERSON

32

Para conseguir o que deseja, você deve descobrir o que o impede de agir. Pense em algo que evitou fazer até o último instante: pagar seus impostos, por exemplo. Não é verdade que você adia simplesmente para evitar a dor do momento, e depois acaba experimentando uma dor maior ainda? Mas o que acontece na data do vencimento? Nossa protelação desaparece, porque rapidamente mudamos aquilo que associamos na mente à dor ou prazer. Subitamente, *não* agir é muito mais doloroso do que agir.

Como você pode usar isso para mudar sua vida? No futuro, em vez de perguntar "Como posso evitar esta tarefa dolorosa?", pergunte: "Se eu não agir agora, o que isso vai acabar me custando?"

A dor pode ser sua amiga se você a utilizar com eficácia.

33

Será que somos apenas animais reagindo à punição e à recompensa, como o cão de Pavlov? Claro que não. Um dos milagres do ser humano é que podemos *decidir* o que nos causa dor e prazer. Uma greve de fome, por exemplo, pode superar a dor física e se transformar em uma experiência de prazer moral, ao concentrar o impacto positivo de chamar a atenção do mundo para uma causa importante.

Cada um de nós tem esse poder de escolha. O segredo do sucesso está em aprender como usar a dor e o prazer a nosso favor.

Existe alguma área em sua vida em que você desnecessariamente sente dor? Será que está reagindo, em vez de optar de forma deliberada? Como você poderia mudar seu foco e transformar um acontecimento aparentemente doloroso em uma oportunidade agradável de aprender, crescer ou ajudar os outros?

34

O que você liga à dor e o que liga ao prazer para moldar o seu destino? Cada um de nós aprendeu e adotou um padrão único de comportamento para se afastar da dor e chegar ao prazer. Algumas pessoas fazem isso bebendo, fumando, comendo exageradamente ou xingando. Outras fazem isso exercitando-se, conversando, aprendendo, ajudando ou fazendo diferença de algum modo.

Quais são alguns de seus padrões para evitar a dor e induzir o prazer? Como eles moldaram sua vida até agora? Faça uma lista dessas estratégias. Quando quer se sentir melhor, você assiste à TV? Acende um cigarro? Vai dormir? Quais são os modos mais positivos com que pode se afastar da dor e se aproximar do prazer?

35

Para a maioria das pessoas, o medo de perder é maior do que o desejo de ganhar. A maioria dos indivíduos preferiria trabalhar muito mais para manter o que já tem a correr os riscos necessários para saltar em direção aos próprios sonhos.

O que o impulsionaria com mais força: impedir que alguém roube cem mil reais que você ganhou nos últimos anos ou investir numa oportunidade de ganhar cem mil reais nos próximos cinco anos?

36

Frequentemente, quando vemos a grandeza nos outros, presumimos que eles têm mais sorte, que foram abençoados com dons especiais. Na verdade, eles utilizaram uma porção maior de seus recursos humanos simplesmente porque deixar de ser, de fazer e de compartilhar seria para eles a dor mais intensa. A vida altruísta de madre Teresa de Calcutá, por exemplo, foi impulsionada pela relação clara que ela estabeleceu entre sua dor e a dor dos outros. Isso a levou a ajudar *qualquer pessoa* que sofresse em qualquer parte do mundo. Seu prazer definitivo era aliviar essa dor. (Porém, como examinaremos mais adiante, isso nem sempre foi verdadeiro.)

O que lhe causa maior dor e maior prazer, e como isso determina sua vida atual?

37

As emoções conflitantes estão por trás da maioria dos padrões de autossabotagem e limitam o prazer e o sucesso que podemos obter na vida.

Por exemplo, as pessoas costumam dizer que gostariam de ganhar mais dinheiro. Certamente têm habilidade e inteligência para imaginar como conseguir isso. O que as impede são as emoções conflitantes, ou as *associações conflitantes*. Elas podem acreditar que a acumulação de dinheiro lhes proporcionará mais liberdade, segurança e capacidade de ajudar as pessoas amadas. Ao mesmo tempo, podem associar o "excesso" de dinheiro a ser perdulário, vazio e manipulador.

Se você já se viu dando dois passos para a frente e um para trás, isso certamente ocorreu porque você tem associações conflitantes; isto é, você associava o alcance do objetivo à dor e ao prazer ao mesmo tempo.

Você tem associações conflitantes que afetam a sua vida?

38

Existe alguma área em sua vida que você gostaria de melhorar de modo mensurável — como, por exemplo, as finanças ou os relacionamentos —, mas algo parece estar impedindo-o?

Escreva a sua resposta em um papel e trace uma linha vertical no meio da página. Do lado esquerdo, faça uma lista de todas as emoções negativas que você tem a respeito, e do lado direito, faça uma lista das positivas.

Existem mais coisas negativas do que positivas? Existe alguma associação negativa que suplante todas as associações positivas juntas? O (des)equilíbrio reflete os resultados que você produziu até hoje?

Sob a luz brilhante do exame de consciência, as associações negativas costumam perder o poder sobre você; o primeiro passo é tomar consciência.

39

Você já sentiu que, independentemente do que faça, sempre recebe dor? Por exemplo: algumas vezes, as pessoas sentem que vão sofrer tremendamente se mantiverem um relacionamento, e que, se o abandonarem, ficarão sozinhas — e sofrendo ainda mais. Em consequência, não fazem nada... e sofrem do mesmo jeito!

Em vez de sentir-se preso, use a dor como sua aliada mais forte. Pense nas coisas que viveu no passado e no presente. Sinta a dor com tanta intensidade emocional a ponto de ela tornar-se uma alavanca que o obrigue a agir. Chamamos isso de chegar ao *limiar emocional*. Em vez de esperar passivamente por essa emoção inevitável, por que não produzi-la conscientemente, de um modo que possa motivá-lo a tornar a vida melhor a partir de hoje?

40

A força de vontade nunca funciona — pelo menos a longo prazo. Você já teve a experiência de chegar a um limiar emocional, com o corpo, por exemplo; um momento em que achou que havia chegado ao limite? O que você fez? Talvez tenha negado alguma coisa a si próprio, empregando a estratégia da dieta pela força de vontade. Mas, claro, qualquer resultado que você conseguiu foi de curto prazo, porque negar comida a si próprio é sempre doloroso, e seu cérebro não permite que você tenha dor continuamente quando há uma alternativa.

Então, qual é a solução? **Em vez de lutar contra seus instintos, simplesmente mude o que você associa** à comida, até condicionar dor a esse padrão. Lembre-se continuamente dos sentimentos negativos que experimentou depois de comer demais. Transforme o ato de comer exageradamente em algo doloroso, e os exercícios físicos em algo prazeroso — e será irresistivelmente levado a fazer as coisas certas.

41

Uma das minhas definições de sucesso é viver de modo a continuamente sentir muito prazer e pouca dor — fazendo, com esse estilo de vida, com que as pessoas ao seu redor sintam muito mais prazer e muito menos dor. Para fazer isso, **devemos crescer e contribuir.**

Segundo essa definição, qual é o seu nível de sucesso atual? O que você poderia fazer hoje mesmo para desfrutar mais a vida, ou para dar mais às pessoas ao seu redor?

42

A protelação é um dos meios mais comuns de evitar a dor. **No entanto, em geral, adiar a ação apenas cria mais dor no futuro.** *Quais são as quatro ações que você vem adiando e que precisam de sua atenção hoje? Faça uma lista, e em seguida responda às seguintes perguntas:*

1. Por que não realizei essa ação? No passado, que tipo de dor associei à sua realização?
2. Que tipo de prazer obtive no passado ao ceder a esse padrão negativo?
3. O que isso irá me custar caso eu não mude agora? Como isso me faz sentir?
4. Que prazer receberei ao realizar cada uma dessas ações agora mesmo?

43

Você certamente já fez algo e pensou em seguida: "Como pude fazer isso? Foi estúpido!" E, ao contrário, já fez algo e pensou em seguida: "Isso foi espantoso! Como é que consegui? Estou impressionado."

O que determina a diferença em agir mal ou com brilhantismo? Raramente ela se baseia apenas em sua capacidade. É o **estado** de sua mente e/ou de seu corpo em determinado momento que determina o modo como você pensa, sente, se comporta e o desempenho resultante disso. Se você conhecer o segredo de obter acesso aos seus estados mentais/emocionais mais poderosos, poderá literalmente operar maravilhas. No estado mental correto, as ideias e as habilidades fluem aparentemente sem esforço.

O que você poderia realizar se vivesse em um estado máximo de alegria e satisfação todos os dias?

44

Todos nós fomos enganados. Aprendemos que um dia, quando todas as coisas certas acontecerem, finalmente seremos felizes. Quando encontrarmos o parceiro ideal... quando ganharmos dinheiro suficiente... quando nosso corpo estiver perfeito... quando tivermos filhos... quando, finalmente, nos aposentarmos.

Na verdade, não é o que você conquista que faz com que se sinta bem, e sim o aprendizado de como mudar o estado mental num instante. Afinal de contas, por que você quer qualquer dessas coisas? Não é porque acredita que o parceiro ideal, os filhos, o dinheiro etc. vão fazer com que se *sinta melhor*? Mas quando finalmente temos aquilo que buscamos, quem vai fazer com que nos sintamos bem? Somos nós que fazemos isso. Por que esperar? *Faça isso agora!*

45

Você sabe o que fazer para se sentir bem? Se quisesse se sentir completamente feliz, empolgado e extasiado agora mesmo, você poderia? Pode apostar que sim! **Simplesmente mude o seu foco.**

Lembra-se de alguma vez em que se sentiu absolutamente no topo do mundo? Visualize esse momento com todos os detalhes... Ouça todos os sons ao redor... Sinta o pulso acelerar! Respire como estava respirando, coloque a mesma expressão no rosto, e mexa com o corpo do jeito que mexeu naquele momento. Está sentindo pelo menos um pouquinho daquela empolgação de novo? *Será que você pode sentir-se assim sempre que quiser?*

46

Existem incontáveis modos de perceber e de vivenciar qualquer coisa. Qualquer sensação está disponível a qualquer momento — você só precisa sintonizar o canal certo. Como? **Há dois segredos para mudar instantaneamente seu estado emocional.**

O primeiro é mudar o seu foco mental.

Pense em uma das lembranças mais agradáveis da sua vida. Como ela faz com que você se sinta? Que outra coisa você poderia focalizar para se sentir ótimo?

Mais adiante investigaremos o segundo modo de mudar instantaneamente o estado emocional.

47

Mudar o foco é somente um dos modos de mudar seu estado emocional. Um modo mais rápido e mais poderoso é usar seu corpo, ou sua *fisiologia*. Por exemplo: a maioria das pessoas, quando se sente mal, ingere álcool, come, fuma, dorme ou usa drogas. Ou, então, usa estratégias positivas como dançar, cantar, se exercitar ou fazer amor.

Cada emoção que você sente tem uma fisiologia específica relacionada. Quando as pessoas ficam deprimidas, qual é a postura que assumem? Os ombros se curvam, a cabeça pende, a respiração se debilita, a expressão facial fica abatida. Ao contrário, quando estamos felizes e "para cima", nossos ombros se elevam, nossa cabeça se ergue, nossa respiração é plena. Podemos comandar conscientemente essas mudanças em nossa fisiologia e imediatamente produzir os estados emocionais que desejamos.

48

Algumas das coisas mais simples podem fazer a maior diferença. Se você deseja criar um hábito divertido que vai beneficiá-lo de modo inesperado, tente o seguinte exercício:

Comprometa-se, durante os próximos sete dias, a passar um minuto, cinco vezes por dia, rindo de orelha a orelha diante do espelho. A princípio, pode parecer idiota, mas, ao repetir isso várias vezes ao dia, você fará com que o sistema nervoso gere sentimentos de felicidade, espontaneidade, humor e tranquilidade. O que é mais importante é que você se condicionará a se sentir bem e a desenvolver o hábito físico da felicidade. Tire um momento para fazer isso agora, e divirta-se!

49

A idade é mais uma questão de foco e de fisiologia do que de cronologia. Muitas pessoas viveram muitos anos, mas ainda têm "pique" no andar e flexibilidade no pensamento.

Um exemplo simples é visto nos dias de chuva. Quando as pessoas "velhas" veem uma poça, o que fazem? Não somente dão a volta, mas reclamam o tempo todo!

Por outro lado, as crianças — e os que ainda são crianças no coração — podem saltar dentro da poça, espirrar água e se divertir.

Aproveite as "poças" da vida. Transforme a alegria, a extravagância e o bom humor em novas prioridades na sua vida. Viva com passos saltitantes e um sorriso no rosto. Você está vivo! *Você pode sentir-se bem sem qualquer motivo!*

50

Uma das melhores maneiras de enriquecer sua vida é expandir seu alcance emocional. Quantas emoções você costuma sentir em uma semana? *Faça uma lista.*

Agora reveja a lista. Se você tem menos de 12 emoções, acrescente aquelas que gostaria de sentir com mais frequência. A maioria das pessoas só experimenta uma pequena fração das milhares de emoções disponíveis.

Perceba que você pode expandir sua quantidade de emoções simplesmente direcionando seu foco de atenção e mudando a sua fisiologia. Escolha uma das emoções positivas que gostaria de sentir, e agora mesmo posicione-se do modo como estaria caso já a estivesse sentindo. Mova-se, gesticule e fale em um tom de voz coerente com essa emoção. Desfrute a mudança imediata em seu estado de espírito!

51

Você já esteve numa situação que o deixou louco de raiva, frustrado ou arrasado — e para a qual você consegue olhar hoje em dia, anos depois, e rir do que o incomodou tanto? Todos já ouvimos o velho ditado: "Algum dia você vai olhar para trás e rir disso." Richard Bandler, um de meus professores e cofundador da Programação Neurolinguística, perguntou uma vez: Por que esperar? **Por que não rir disso *agora?***

Tente hoje mesmo. Ria de alguma coisa que você achava incrivelmente desgastante. Acha que está dominando um pouquinho melhor a situação?

52

Já aconteceu de você esperar que seu cônjuge estivesse em casa em uma hora determinada e ele, ou ela, chegar atrasado(a)? Talvez você tenha presumido que seu cônjuge não seja pontual. Talvez tenha ficado apreensivo com a possibilidade de um acidente no caminho de casa. Ou pode ter imaginado que ele parou em algum lugar para comprar-lhe um presente.

Aquilo que focalizamos determina o modo como nos sentimos. E o modo como nos sentimos — nosso estado mental — influencia poderosamente nossas ações e interações. Em vez de concluir antecipadamente, considere todas as possibilidades e escolha focalizar aquela que vai fortalecer a você e às pessoas de quem gosta.

53

Uma analogia fantástica para o poder da focalização são os carros de corrida. Quando seu carro começa a derrapar, o reflexo natural é olhar para o muro, numa tentativa de evitá-lo. **Entretanto, se você continuar focalizando aquilo que teme, é exatamente lá que vai parar.** Os pilotos profissionais sabem que inconscientemente viramos o carro para a direção que focalizamos. Por isso, com a vida por um fio, eles afastam o foco do muro e se concentram na pista livre.

Na vida, a maioria das pessoas focaliza o que não quer, e não o que quer. Se você resiste ao medo, se tem fé, se disciplina seu foco, suas ações naturalmente vão levá-lo na direção que deseja. *Livre-se do medo, e focalize agora mesmo o que você realmente deseja e merece.*

54

A emoção é criada pela ação. Na próxima vez em que estiver se preparando para uma corrida e não se sentir 100% disposto, por que não fazer uma marcha atlética? A marcha é um modo poderoso de mudar a maneira como você se sente porque:

1. É um ótimo exercício.
2. Causa menos desgaste ao corpo do que a corrida.
3. Você não vai conseguir ficar sério.
4. Vai divertir todas as pessoas que passarem por você!

55

O modo mais eficaz de controlar seu foco é o uso de perguntas. **Para qualquer pergunta que você faça, o cérebro propõe uma resposta.** Por exemplo, se você perguntar: "Por que fulano de tal está se aproveitando de mim?", não deixará de focalizar o modo como está sendo passado para trás, seja isso verdade ou não. Mas se em vez disso perguntar: "Como posso melhorar esta situação?", você conseguirá respostas que lhe permitam realizar ações positivas.

56

O poder de fazer as perguntas certas é demonstrado por um menino que levou uma surra de um garoto mais velho. Prometendo vingança, pegou um revólver e começou a seguir o agressor.

Porém, logo antes de atirar, ele se perguntou: "O que vai acontecer comigo se eu puxar o gatilho?" Uma imagem mais poderosa do que qualquer outra entrou em foco, e o menino visualizou a vida na cadeia. Logo em seguida mirou para outro lado e atirou em uma árvore.

Esse menino era Bo Jackson. **Uma mudança de foco, uma decisão pesando a dor com relação ao prazer, provavelmente fez a diferença entre um menino sem futuro e um menino que se transformou em uma das maiores lendas do esporte nos Estados Unidos.**

Que perguntas capazes de mudar a sua vida você pode se fazer hoje?

57

Alguém já lhe disse: "Você tem um futuro brilhante"? Como isso fez você se sentir? E se alguém dissesse que seu futuro é nebuloso? Ou que seu plano "soa ótimo" em vez de "pede para ser melhorado"? Ou que sua nova amiga "me causa arrepios" ou que "é fria"?

A diferença não está apenas nas palavras, mas nos sentimentos que elas produzem. As pessoas que falam em termos de um futuro brilhante ou nebuloso estão operando em modo *visual*, sendo mais afetadas pelo que veem. Outras pessoas são mais influenciadas pelo que ouvem ("soa" e "pede" são termos *auditivos*); e, para outras, as sensações são a coisa mais crucial para o modo de perceberem ("arrepios" ou "quente" são palavras *cinestésicas*).

Quais desses modos se aplicam com mais frequência ao seu modo de focalizar?

58

Quais são alguns modos saudáveis de melhorar seu estado emocional sem precisar de cigarros, álcool, excesso de comida, abuso do cartão de crédito ou qualquer outra coisa que tenha consequências negativas?
Vamos aproveitar alguns minutos para pensar neles!

1. Faça uma lista dos modos positivos que você usa atualmente para substituir instantaneamente os sentimentos dolorosos por sentimentos prazerosos.
2. Acrescente mais alguns modos que nunca experimentou antes, mas que acha que também poderiam mudar positivamente seu humor. Não pare antes de ter pelo menos 15 ideias escritas, de preferência 25 ou mais. Este é um exercício que provavelmente vai querer repetir até descobrir *centenas* de modos saudáveis de mudar seu estado de espírito.

59

Para viajar pela estrada que vai da dor ao prazer, **descubra numerosos meios positivos de mudar sua atenção.** Considere algumas das seguintes estratégias:

Cantar junto com seu disco preferido. Ler sobre algo que traga uma informação que você possa colocar imediatamente em prática. Rir de um filme ou de um programa engraçado. Nadar. Almoçar ou jantar com a família ou com um amigo. Dançar. Tomar um banho de banheira. Ter cinco ideias novas. Conhecer um estranho. Contar piadas idiotas para os amigos, sabendo que mesmo assim eles continuarão gostando de você. Escrever um diário. Abraçar e beijar seu cônjuge.

Pegue uma dessas sugestões e experimente agora mesmo!

PARTE 3

PODER DE CRIAR,
PODER DE DESTRUIR

Crenças

"É a mente que cura a doença, que torna a pessoa desafortunada ou feliz, rica ou pobre."

— EDMUND SPENSER

60

Qual é a força que determina o que tentamos ou não tentamos realizar em nossa vida? São as nossas crenças — crenças no que somos capazes ou incapazes de fazer, no que é possível ou impossível, naquilo que somos. Na cultura haitiana, a crença das pessoas no poder mortal do feiticeiro "apontar o osso" pode realmente causar a morte. Mas o verdadeiro assassino é o sentimento de certeza — a crença —, e não o feiticeiro.

Em sua vida, você estabeleceu expectativas negativas? Que efeitos isso traz para você? Quais são algumas das crenças mais fortalecedoras que moldaram a sua vida? Que expectativas novas e positivas você pode estabelecer para si mesmo e para os outros?

61

Durante milhares de anos acreditou-se que nenhum ser humano poderia correr 1,6 quilômetro em menos de quatro minutos; era fisicamente impossível. Mas Roger Bannister acabou com essa crença quando correu essa velocidade em 3 minutos e 59 segundos. Como conseguiu? Em sua mente, ele visualizou repetidamente o triunfo de modo tão intenso que **sua certeza deu uma ordem inquestionável ao seu sistema nervoso, e ele alcançou resultados físicos equivalentes à sua imagem mental.** Dentro de um ano da conquista de Bannister, vários outros corredores repetiram o feito, acreditando que também conseguiriam.

Que barreira você precisa romper? O que você acha impossível hoje em dia e que, se soubesse que era possível, mudaria não somente sua vida mas também a vida das pessoas ao seu redor?

62

Frequentemente as pessoas culpam alguns acontecimentos por aquilo em que suas vidas se transformaram. **Mas o que realmente determina a nossa vida é o significado que atribuímos aos acontecimentos.**

Dois homens sofreram ferimentos no Vietnã, foram aprisionados e torturados repetidamente. Um deles cometeu suicídio. O outro, forjou uma crença mais profunda em si mesmo, na humanidade e em seu Criador. Hoje em dia esse homem, o capitão Gerald Coffee, conta sua história para lembrar-nos do poder que o espírito humano possui para superar qualquer nível de dor, qualquer obstáculo, qualquer problema.

Você — ou algum conhecido — deixa que uma circunstância do passado limite a felicidade de hoje? O que mais esses acontecimentos poderiam significar? Eles o tornaram mais forte? Mais sábio? Capaz de aconselhar outras pessoas diante dos mesmos desafios?

63

Por que as pessoas fazem o que fazem? É tudo uma questão de crença. Por mais espantoso que possa parecer, se as pessoas acreditarem que fazer buracos na cabeça vai curar uma doença, farão isso (e já houve quem fizesse!) — quer suas crenças tenham fundamento ou não. E se, em vez disso, acreditarem que sua felicidade depende de ajudar os outros, serão igualmente impulsionadas.

A crença faz a diferença entre uma vida de tristeza e uma vida de contribuição alegre. As crenças separam um Mozart de um Manson, fazendo com que alguns indivíduos se tornem heróis enquanto outros se resignam em ficar pensando no que poderiam ter sido.

Que crenças atuam nas ações das pessoas ao seu redor? Que crenças você compartilha com seus colegas? Com seus filhos? Com seus pais? Quais delas são diferentes?

64

Sempre que algo acontece com você, seu cérebro faz duas perguntas: Isso vai significar dor ou prazer? O que devo fazer agora para evitar a dor e/ou obter prazer? As respostas baseiam-se em *generalizações* — **as crenças que você formou sobre o que provoca dor ou prazer.** Apesar de esses atalhos nos ajudarem a viver, eles também podem limitar seriamente nossas vidas. Algumas pessoas, por exemplo, generalizaram a ideia de que são incompetentes porque já falharam em alguma coisa; e infelizmente as generalizações podem se tornar profecias que acabam se realizando.

Pense em uma caracterização limitante que você pode ter feito sobre si mesmo ou sobre outra pessoa. Você realmente tem bons motivos para isso? Que exceções existem? É possível que sua generalização seja genérica *demais?*

65

Nada na vida tem qualquer significado além daquele que nós estabelecemos. **Uma das maravilhas de ser humano é nossa capacidade de preencher qualquer acontecimento com significados animadores ou devastadores.** Algumas pessoas, por conta de alguma dor do passado, decidem: "Por causa disso nunca vou amar de novo nem ser completo." Outras, mostraram a transformação que pode ser criada a partir de um significado mais fortalecedor: "Como fui tratado injustamente, serei mais sensível às necessidades dos outros" ou "Como perdi meu filho, vou trabalhar para transformar o mundo em um lugar mais seguro".

Não importa o que aconteça, *todos* nós temos capacidade de criar significados que nos fortaleçam. *Revolucione sua vida criando um novo significado para uma experiência do passado.*

66

As crenças têm o poder de criar ou destruir. Devido à influência espantosa que elas têm sobre nossa vida, devemos compreender estes três desafios:

1. A maioria de nós não decide conscientemente em que vai acreditar.
2. Frequentemente nossas crenças baseiam-se em uma má interpretação do passado.
3. Assim que adotamos uma crença, tendemos a considerá-la verdade absoluta e nos esquecemos de que ela é somente uma perspectiva.

Você tem alguma crença que considera totalmente verdadeira? Quais são algumas das crenças contrárias que também poderiam ser verdadeiras? Como sua vida poderia ser diferente se você adotasse a visão oposta?

67

Uma crença nada mais é do que um sentimento de certeza sobre o significado de alguma coisa. Por exemplo, se você acredita que é inteligente, isso é mais do que apenas uma ideia; você *tem certeza* de que é inteligente. De onde veio esse sentimento de certeza?

Imagine uma ideia como um tampo de mesa. Sem pernas, nada a sustenta. Para se transformar em uma crença, uma ideia tampo de mesa precisa de pernas. Essas pernas da certeza são dadas por *experiências de referência*. Se você acredita que é inteligente, por exemplo, provavelmente teve experiências (referências) de se sair bem na escola, de ouvir as pessoas dizendo que você é inteligente etc.

Mas **não estamos limitados ao nosso passado como fonte de certeza.** Como Roger Bannister, podemos usar nossa imaginação para criar referências para as coisas que ainda vamos tentar.

68

Podemos transformar qualquer ideia em crença se conseguirmos referências suficientes para sustentá-la. Qual das seguintes afirmações é verdadeira?

1. As pessoas são basicamente honestas e decentes.
2. As pessoas são desonestas e só pensam em si próprias.

Se você quisesse, não teria experiências suficientes (referências) para sustentar a ideia de que as pessoas são essencialmente ruins? Se você se concentrasse em outras experiências, não poderia com igual facilidade encontrar evidências de que as pessoas são essencialmente honestas?

Qual dessas crenças é realmente verdadeira? **Aquilo em que acreditar será verdadeiro para você.**

69

Ainda que um inabalável sentimento de certeza possa ajudá-lo a ter grandes conquistas, ele também tem o potencial de deixá-lo cego à verdadeira informação que poderia mudar sua vida para sempre.

Você já conheceu alguém que, pela necessidade de ter certeza, não presta atenção a ideias novas?

Se você desse uma olhada em suas ideias pelos olhos de outra pessoa, o que veria?

70

As crenças determinam todo o nosso comportamento. Algumas afetam apenas um aspecto de nossas vidas, outras, são mais amplas. Por exemplo: uma crença específica como "João é desonesto" influenciaria nosso relacionamento com João, mas acreditar que "as *pessoas* são desonestas" teria ramificações para muito além de apenas um relacionamento.

As crenças globais, como essa, geralmente se baseiam em alguma generalização feita há muito tempo, em circunstâncias extremas. Podemos ter esquecido por completo, mas *inconscientemente* ainda deixamos que ela guie nossas decisões.

Os efeitos que essas crenças podem ter sobre nossas vidas são ilimitados, mas isso não precisa ser negativo. Mude uma crença global e você mudará para melhor todos os aspectos de sua vida.

71

Algumas crenças são mais poderosas do que outras? Com certeza. Há três níveis diferentes de certeza: *opinião, crença e convicção*. As opiniões podem ser mudadas facilmente, já que se baseiam em percepções transitórias. As crenças são muito mais fortes, porque se baseiam em muitas experiências ou em experiências ligadas a maiores emoções. Ainda é possível desestabilizar essa certeza com novas perguntas. Uma convicção, por outro lado, baseia-se em uma intensidade emocional tão grande que a pessoa não somente tem certeza, mas pode ficar furiosa ou cega diante de qualquer discussão racional caso as convicções sejam questionadas.

As convicções podem ser incrivelmente poderosas ou inacreditavelmente destrutivas. *Quais de suas crenças são opiniões?* Com relação a quais você se sente mais forte? Alguma delas se aproxima do nível da convicção?

72

Qual é o objetivo de uma crença? Ela nos guia nas tomadas de decisão, mostrando como evitar dor e obter prazer mais rapidamente. Por causa de nossas crenças, não precisamos começar sempre do zero ao tomar essas decisões. **Algumas vezes, nos momentos de maior temor, dor, ou intensidade emocional, procuramos alívio na forma de uma crença.** Você conhece, por exemplo, alguém que tenha transformado a dor de um relacionamento ruim na convicção de que nunca encontrará o amor?

Algumas pessoas com convicções resistirão a toda informação contrária; no nível mais extremo, preferem sofrer uma dor terrível — solidão, depressão e até a morte — a abrir mão de suas crenças.

Você tem convicções? Quais delas lhe dão força, e quais o enfraquecem?

73

Devido à paixão que nos inspiram, **as convicções nos levam a agir.** Alguém que se preocupa profundamente com os direitos dos animais tem uma crença, mas alguém que passa o tempo livre apaixonadamente informando o público sobre questões como testes laboratoriais e as consequências de uma dieta à base de carne tem uma convicção.

Existem áreas de sua vida em que ter uma convicção lhe daria o impulso necessário para suplantar qualquer tipo de obstáculo? Por exemplo, você pode ver de que modo a convicção de nunca se permitir engordar demais iria levá-lo a opções de vida mais saudáveis? Percebe como uma convicção do tipo "eu sempre encontro um jeito de resolver as coisas" poderia ajudá-lo a superar momentos difíceis?

74

Pense nos efeitos de longo prazo sobre sua vida se você tivesse maior certeza para sustentar as crenças fortalecedoras.

Use o seguinte exercício para aumentar seu nível de empenho.

1. Escolha uma crença que deseja elevar ao nível de convicção.
2. Acrescente referências mais fortes para essa crença. Por exemplo, se decidiu nunca mais comer carne, converse com pessoas vegetarianas para descobrir como essa opção as afetou.
3. Encontre ou crie um evento que provoque forte intensidade emocional. Por exemplo, se você se propôs a deixar de fumar, visite a ala de tratamento intensivo de um hospital e observe os pacientes com enfisema pulmonar.
4. Com passos grandes ou pequenos, comece a agir sobre sua convicção.

75

O poder das crenças é demonstrado dramaticamente por estudos de pessoas com desordens de personalidade múltipla. **Por causa da força de suas crenças, da absoluta certeza de que se transformam em outras pessoas, a mente delas altera até a fisiologia** de modo perceptível e espantoso. Seus olhos chegam a mudar de cor, marcas físicas desaparecem e reaparecem, e até doenças como diabetes ou pressão alta vêm e vão. Tudo isso se baseia na crença do paciente com relação a que personalidade — que *crença* — está sendo manifestada.

De um modo menos sensacional, mas tão profundo, que transformações ocorreram em sua vida quando você mudou uma crença?

76

Qual é o segredo do sucesso? Frequentemente sugerimos que é a genialidade. **Mas eu acredito que a verdadeira genialidade é a capacidade de concentrar nossos recursos mais poderosos simplesmente nos colocando em um estado de certeza absoluta.** A carreira do bilionário Bill Gates começou quando ele ainda estava na faculdade, em Harvard, e prometeu entregar um software que ainda não tinha desenvolvido para um computador que ele nunca vira! Devido à sua certeza (que era completamente infundada), Bill Gates pôde juntar todos os recursos de que precisava para coprojetar o software e começar a construir sua fortuna.

Certamente temos mais probabilidade de obter sucesso em qualquer área se não apenas nos comprometermos com o resultado, mas se estivermos absolutamente certos de que podemos consegui-lo. *Com que frequência você experimenta essa emoção fortalecedora?*

77

Talvez Einstein tenha sido quem melhor definiu: "A imaginação é mais poderosa do que o conhecimento." **Com muita frequência é provado que nosso cérebro não pode distinguir entre algo que imaginamos nitidamente e algo que vivenciamos.**

Assim que você compreender isso, sua vida poderá ser transformada. Por exemplo: muitas pessoas têm medo de tentar alguma coisa simplesmente porque nunca a fizeram antes. Mas o próprio fundamento do sucesso dos líderes é que, a despeito de experiências contrárias no passado, eles repetidamente se imaginam obtendo os resultados desejados. Desse modo, forjam o sentimento de certeza que os guia na utilização de seu verdadeiro potencial.

Você tem algum objetivo que o empolgue, mas que implique fazer algo que nunca fez antes? Quando seria um bom momento para imaginar-se tendo sucesso?

78

A maioria das pessoas que dizem "seja realista", vive com medo. Frequentemente — devido a desapontamentos no passado e ao que perceberam como fracassos —, elas têm medo de ficar por baixo de novo. As crenças limitadoras que desenvolveram para se proteger fazem com que hesitem, se afastem dos riscos e evitem dar tudo de si; consequentemente, obtêm resultados limitados.

Os grandes líderes raramente são "realistas" segundo os padrões das outras pessoas. Mas eles são precisos e inteligentes. Mahatma Gandhi acreditava que poderia obter pacificamente a autonomia para a Índia, opondo-se sem violência à Grã-Bretanha, algo que nunca fora feito antes. Ele não estava sendo realista, mas mostrou que estava certo.

Que crenças supostamente realistas você abriga? Que expectativas novas, empolgantes, irreais mas inteiramente possíveis você pode abraçar?

79

Se você vai cometer um erro, frequentemente é melhor que erre por superestimar suas capacidades. Por quê? Seu sucesso pode depender disso. Uma das diferenças entre os pessimistas e os otimistas é que, depois de tentar aprender uma nova habilidade, os pessimistas geralmente avaliam com exatidão seu desempenho, ao passo que os otimistas avaliam o próprio comportamento como superior que realmente foi.

Após a avaliação, os pessimistas desistem, não vendo motivo inteligente para insistir numa atividade infrutífera. **Mas as percepções positivas dos otimistas lhes dão o apoio emocional e o impulso para persistirem e, eventualmente, dominarem a habilidade.** Assim, avaliações aparentemente irrealistas tornam-se um reflexo da verdadeira habilidade.

Lembre-se: o passado não é igual ao futuro. *Qual é o primeiro passo que você pode dar em direção ao sonho que um dia achou impossível?*

80

O modo como enfrentamos a adversidade define nossas vidas mais do que qualquer coisa. **As pessoas realizadoras geralmente veem os problemas como transitórios,** ao passo que as que fracassam veem até os menores problemas como duradouros. Adotar essa última estrutura mental é dar o primeiro passo para a armadilha que o Dr. Martin Seligman chama de *impotência aprendida,* que é causada pelas seguintes percepções:

1. O problema é *permanente* (e não temporário);
2. O problema é *amplo* (em vez de afetar apenas uma área);
3. O problema é *pessoal,* evidência de que há algo errado conosco (em vez de ser uma oportunidade para aprender).

Nos próximos dias, vamos nos concentrar nos antídotos para essas crenças enfraquecedoras. *Por hoje, para contrabalançar a primeira crença, lembre--se de que "isso também vai passar". Se continuar insistindo, encontrará um caminho.*

81

A capacidade de manter os problemas em perspectiva permite que as pessoas bem-sucedidas evitem a armadilha da estrutura mental do "problema amplo". Em vez de dizer: "Porque eu como demais, minha vida está destruída", elas podem dizer: "Eu tenho um certo desafio com meus hábitos alimentares", e focalizar o modo de melhorar seu comportamento. Por outro lado, as pessoas que acreditam que seus problemas são amplos imaginam que fracassaram porque não conseguiram realização em uma determinada área — uma generalização que as leva a se sentirem completamente impotentes.

Para superar a falsa crença de que um problema é amplo, você deve controlar imediatamente alguma parte dele. Não importa se você ataca até mesmo a menor parte do problema; *simplesmente comece agora.*

82

Os otimistas veem os fracassos como experiências de aprendizado, como desafios para modificar sua abordagem. Os pessimistas veem os fracassos como uma coisa pessoal, interpretando-os como evidência de alguma falha profunda de caráter. Como sua identidade está muito ligada ao problema, eles se sentem esmagados. Afinal de contas, como podem mudar toda a vida de um só golpe?

Evite a todo custo esta crença de que o problema é "pessoal". Comece a usar os problemas como reflexão valiosa para determinar uma rota mais direta para o seu destino e agradeça a esses presentes.

83

Todas as realizações pessoais começam com uma mudança nas crenças. Como você substitui as crenças limitadoras? O modo mais eficaz é desestabilizar sua crença antiga — abalar a sua certeza —, questionando-a. Lembre-se de que seu cérebro está sempre tentando afastá-lo da dor, portanto, pense em todas as consequências negativas que essa crença lhe causou. *Pergunte a você mesmo:*

1. Enquanto penso nela, o que parece idiota, ridículo ou estúpido nessa crença?
2. O que ela já me custou? Como ela me limitou no passado?
3. O que ela poderia me custar no futuro se eu não a mudasse agora?

Responder a essas três perguntas vai ajudá-lo a associar sentimentos dolorosos à crença antiga e indesejada e proporcionar-lhe a oportunidade de substituí-la por uma crença fortalecedora.

84

Para serem felizes, os seres humanos devem sentir que estão crescendo continuamente. E para obter sucesso no mundo atual as organizações empresariais devem melhorar constantemente. Sem dúvida, devemos adotar o conceito de desenvolvimento contínuo como um princípio cotidiano, em vez de um objetivo a ser perseguido apenas ocasionalmente.

No Japão existe um nome para isso: *kaizen*, palavra que significa concentrar-se na melhora contínua da qualidade dos produtos e serviços. **Proponho que nos comprometamos com o processo de Melhoria Constante e Incessante, ou CANI!**™ (Constant And Never-ending Improvement, na sigla em inglês). Consegue perceber como podemos transformar nossas organizações, nossas famílias e nossas comunidades se habitualmente focalizarmos o modo de melhorar as coisas em que já somos ótimos?

Como você poderia pôr em prática imediatamente a filosofia do CANI?

85

A única verdadeira segurança na vida vem de saber que a cada dia você está melhorando de algum modo. Não me preocupo em manter a qualidade de minha vida, porque a cada dia trabalho para melhorá-la.

86

Um dos segredos do sucesso do legendário técnico da NBA, Pat Riley, é seu compromisso com a melhoria gradual e constante. Em 1986, ele enfrentou um grande desafio: seu time achava que tinha jogado da melhor forma possível, mas mesmo assim perdera o campeonato do ano anterior. Para estimulá-los a passar ao próximo nível, ele os convenceu de que, se cada jogador melhorasse o desempenho em apenas 1% em cinco áreas-chave, tudo seria diferente.

A genialidade desse plano foi a sua simplicidade: todo mundo *tinha certeza* de que poderia alcançá-lo. Cada jogador só precisava se dedicar para um aumento de 5%. Mas, multiplicado por 12 jogadores, isso produziu um aumento de 60% para o time — a melhor temporada que eles já tiveram!

O que você poderia realizar com melhorias pequenas, porém constantes?

87

Que crenças guiam seus pensamentos, suas decisões e suas ações a cada dia? *Faça este exercício para perceber como suas crenças o afetam poderosamente:*

1. No topo de uma folha de papel, escreva: "Crenças fortalecedoras." No topo de outra, escreva: "Crenças enfraquecedoras."
2. Nos próximos dez minutos faça uma lista de todas as suas crenças nessas duas páginas. Escreva tudo que lhe vier à mente.
3. Inclua crenças globais e crenças específicas. Tenha certeza de incluir crenças do tipo se/então, como "se eu der o máximo de mim constantemente, terei sucesso" ou "se eu me mostrar totalmente apaixonado por essa pessoa, ela ficará assustada".

88

Um dos modos mais eficazes de melhorar sua vida é simplesmente **identificar e reforçar qualquer crença que você tenha e que o leve na direção dos seus sonhos.**

1. Reveja a lista que você fez com suas crenças fortalecedoras e enfraquecedoras (N° 87 deste livro); circule as três mais fortalecedoras.
2. Precisamente de que modo essas crenças o fortalecem? De que modo elas reforçam seu caráter ou melhoram a qualidade de sua vida? Se fossem ainda mais fortes, como poderiam ter uma influência ainda mais positiva?
3. Crie convicções a partir de qualquer dessas crenças fortalecedoras. Gere a certeza irrefreável de que ela guiará seu comportamento na direção em que você deseja ir. Agora, comece a agir de acordo com suas convicções!

89

Está na hora de livrar-se das crenças que não servem mais!

1. Escolha duas de suas crenças mais enfraquecedoras.
2. Quebre a certeza que as sustenta, perguntando: de que modo esta crença é ridícula ou absurda? A pessoa com quem aprendi essa crença era o melhor modelo? Se eu não me livrar dessa crença, o que isso vai me custar emocionalmente, fisicamente, financeiramente, em meus relacionamentos? O que vai custar à minha família e às pessoas que amo?
3. Visualize as consequências negativas dessas crenças. Decida de uma vez por todas que não quer mais pagar o preço.
4. Escreva duas crenças novas para substituir as antigas.
5. Reforce suas crenças novas e fortalecedoras visualizando e antecipando os benefícios incomensuráveis que elas trarão.

90

O poder da expectativa de melhorar o desempenho é bem-documentado e foi chamado de efeito Pigmalião. Num estudo, foi dito a alguns professores que **certos alunos de suas turmas eram superdotados e precisavam ser constantemente desafiados para obterem resultados excelentes.** Os professores concordaram. E não foi surpresa o fato de aqueles alunos se tornarem os melhores da turma. Mas, sem que ninguém soubesse, os alunos identificados como superdotados na verdade não tinham demonstrado inteligência mais elevada antes do estudo. Alguns, na verdade, tinham sido anteriormente rotulados de maus alunos. O que provocou a mudança? O novo sentimento de certeza de que eram superiores (incutido pelas crenças "falsas" dos professores)!

Dá para ver a importância de suas crenças sobre você mesmo e sobre outras pessoas? *O que você poderia realizar se tivesse fé para utilizar todo o seu vasto potencial?*

PARTE 4

AS PERGUNTAS SÃO AS RESPOSTAS

Perguntas

"O importante é não parar de perguntar. A curiosidade tem motivo próprio para existir. Não podemos deixar de ficar pasmos quando contemplamos os mistérios da eternidade, da vida, da maravilhosa estrutura da realidade. Basta tentarmos entender um pouquinho desse mistério a cada dia. Nunca perder uma curiosidade sagrada."

— ALBERT EINSTEIN

91

As perguntas são o raio laser da consciência humana. Use o poder delas para eliminar qualquer obstáculo ou desafio.

92

Qual é a diferença básica entre pessoas bem-sucedidas e pessoas que não são bem-sucedidas? **De modo bastante simples: as pessoas de sucesso são as que fizeram as melhores perguntas e, como resultado disso, obtiveram melhores respostas.** Logo depois de o automóvel ter sido inventado, centenas de pessoas pensaram em fabricá-lo, mas Henry Ford destacou-se ao perguntar: "Como posso produzir em massa essa máquina?" Milhões de pessoas sofreram o jugo do comunismo na Europa Oriental, mas Lech Walesa teve a coragem de perguntar: "Como posso elevar o padrão de vida de todos os trabalhadores?"

Se você liberasse a sua imaginação, para onde suas perguntas poderiam tê-lo levado?

93

Você concorda ou discorda da seguinte afirmação? *Pensar é somente um processo de perguntas e respostas.* Para responder de um modo ou de outro, você não precisou perguntar-se algo do tipo: "Isso é mesmo verdade?" ou "Será que eu concordo com o que ele disse?".

A maioria de nossos processos mentais — desde a avaliação ("Como isso está?") até a imaginação ("O que é possível?") e à decisão ("O que devo fazer?") — envolve perguntas e respostas. **Portanto, se desejamos mudar a qualidade de nossa vida, devemos mudar aquilo que habitualmente perguntamos a nós mesmos e aos outros.**

94

As crianças são as campeãs em perguntas. O que você poderia ganhar imitando a inocência e a curiosidade de crianças absolutamente decididas a obter uma resposta?

95

O trabalho de minha vida resulta de fazer perguntas: O que leva as pessoas a fazerem o que fazem? O que permitiu a algumas obterem sucesso aparentemente com menos recursos do que outras que fracassaram? Como podemos repetir os seus resultados? Como podemos produzir a mudança mais rapidamente e com mais facilidade do que antes? Como podemos melhorar a qualidade de vida para todas as pessoas?

Quais as questões básicas que atualmente moldam a sua vida?

96

Perguntas de qualidade criam qualidade de vida. As empresas têm sucesso quando as pessoas encarregadas das decisões fazem as perguntas corretas sobre linhas de produtos, sobre mercados ou sobre estratégias de planejamento. Os relacionamentos florescem quando as pessoas fazem as perguntas certas sobre onde estão os conflitos potenciais e como se apoiar mutuamente, e não sobre como se destruir mutuamente. As comunidades se beneficiam quando os líderes fazem as perguntas certas sobre o que é mais importante e sobre o modo como os cidadãos podem trabalhar juntos em direção a objetivos comuns.

Em qualquer área de sua vida que deseje melhorar, existem perguntas que podem ser feitas e que proporcionarão as respostas — as soluções — que podem impulsioná-lo e às pessoas que você ama a um nível mais elevado de sucesso e alegria. Você precisa fazer perguntas sobre qualidade, compromisso, contribuição?

97

As perguntas desencadeiam um processo que tem impacto para além de nossa imaginação. Questionar as nossas limitações derruba os muros — nos negócios, nos relacionamentos, entre países. **Todo progresso humano é precedido por perguntas novas.**

Que pergunta nova você poderia fazer a si mesmo para obter novas respostas que possam melhorar sua vida hoje?

98

Não há qualquer dúvida de que a capacidade de nosso cérebro é fenomenal. **Na verdade, seriam necessários dois prédios do tamanho do World Trade Center para armazenar toda a capacidade de seu cérebro.** Mas, sem saber como recuperar e usar tudo que foi armazenado, esse potencial é inútil. O que permite que você pegue tudo que deseja em seus bancos de dados pessoais? O enorme poder das perguntas. Frequentemente, nossa incapacidade de utilizar as experiências deve-se menos a uma falha de memória do que a uma falha em fazer as perguntas que dão acesso a nossas capacidades.

99

Seu computador mental está sempre pronto para servi-lo e responderá a qualquer pergunta que você faça. Se você fizer uma pergunta ruim como "Por que eu sempre estrago tudo?", receberá uma resposta ruim. Por outro lado, quando faz uma pergunta muito mais útil como "De que modo posso utilizar isso?", a resposta, automaticamente, vai levá-lo na direção das soluções.

Novas respostas decorrem de novas perguntas. *Que pergunta fortalecedora você poderia fazer agora mesmo a si próprio ou a alguém que você ama?*

100

O poder de fazer perguntas inteligentes é ilustrado por meu bom amigo W. Mitchell. Depois de um acidente em que teve todo o corpo queimado e perdeu o movimento das pernas, ele se recusou a sentir pena de si mesmo. "O que ainda tenho?", foi o que perguntou. **"De que sou capaz agora, até mais do que antes?** Por causa desse acidente, como posso contribuir para os outros?"

No hospital, conheceu uma enfermeira chamada Annie, e se sentiu imediatamente atraído por ela. Com o corpo extremamente queimado e paralisado da cintura para baixo, ele teve a notável audácia de se perguntar: "Como posso conquistá-la?" Em pouco tempo estavam casados.

Se a possibilidade do fracasso e da rejeição estivessem fora de cogitação, que perguntas você poderia, agora mesmo, estar fazendo a si próprio?

101

Quando as pessoas relutam em se empenhar num relacionamento amoroso, será que não estão fazendo perguntas que criam dúvidas, como: "E se houver alguém melhor em outro lugar? E se eu me comprometer agora e acabar perdendo?" Isso vai impedi-las de poder desfrutar do que já têm.

E se, em vez disso, fizessem as seguintes perguntas: **"Como pude ter tanta sorte em ter você na minha vida?"**, "O que eu mais amo em você?", "O quanto nossa vida se enriquecerá como resultado de nosso relacionamento?".

Que perguntas você poderia fazer a si mesmo e ao seu companheiro, e que fariam os dois se sentirem as pessoas mais felizardas do mundo?

102

Independentemente do que já tivermos realizado, haverá momentos em que vamos nos deparar com obstáculos para o progresso pessoal e profissional. A pergunta não é se você vai ter problemas ou não, mas como vai enfrentá-los quando eles chegarem. *Use esta lista de perguntas para mudar seu estado mental e se abrir a soluções:*

PERGUNTAS SOLUCIONADORAS DE PROBLEMAS

1. O que há de bom nesse problema?
2. O que ainda não está perfeito?
3. O que estou disposto a fazer para deixar a situação do jeito que quero?
4. O que estou disposto a deixar de fazer para deixá-la do jeito que quero?
5. Como posso desfrutar do processo enquanto faço o que é necessário para deixá-la do jeito que quero?

103

O que permitiu a Donald Trump construir sua fortuna em projetos imobiliários? Certamente uma chave para o sucesso deve ter sido seu procedimento de avaliação. Ao avaliar qualquer propriedade que parecia oferecer um tremendo potencial de ganho econômico, ele perguntava: "Qual é o lado ruim? O que de pior poderia acontecer, e será que posso enfrentar isso?" Se soubesse que podia lidar com a pior das possibilidade, ele prosseguia com o negócio, porque o lado bom se arranjaria sozinho.

Quando Trump começou a sofrer reveses, observadores notaram que ele começara a acreditar que era invencível e abandonara suas perguntas sobre o lado ruim. **Lembre-se, não são somente as perguntas que você faz, mas as que deixa de fazer, que moldam o seu destino.**

104

As perguntas que você faz constantemente criarão irritação ou alegria, indignação ou inspiração, tristeza ou magia. **Faça as perguntas que vão elevar seu espírito e prossiga no caminho da excelência humana.**

105

Se você tentou repetidamente perder peso e fracassou, será que não estava fazendo a si mesmo as perguntas erradas? Perguntas como: "O que vai me deixar satisfeito?" ou "Qual é a comida mais doce e calórica que eu posso comer sem problemas?".

E se, em vez disso, você se perguntasse: "O que realmente pode me alimentar?", "Que prato leve e delicioso eu posso comer para ganhar energia?", "Isso vai me nutrir ou me prejudicar?". E se você estiver tentado a ceder: "Se eu comer isso, de que terei que abrir mão para alcançar meu objetivo? Qual é o preço que pagarei por ceder agora?"

Uma simples mudança nas perguntas que você faz habitualmente pode mudar, e mudará profundamente a qualidade de sua vida.

106

As perguntas mudam imediatamente a direção de nosso foco e, portanto, o modo como nos sentimos. Você não tem momentos bons na vida que o fariam imediatamente se sentir maravilhoso, caso os focalizasse? Talvez tenha sido o dia em que mudou de cidade, o nascimento do primeiro filho ou uma conversa com um amigo que ajudou a lhe dar a confiança de buscar grandes realizações. Perguntas como: "Por que coisas devo me sentir agradecido?" e "O que é maravilhoso em minha vida agora?" nos levam a lembrar esses momentos, permitindo não somente que nos sintamos bem, mas também que possamos contribuir mais para as pessoas ao redor.

107

Há uma grande diferença entre uma afirmação e uma pergunta. Você pode repetir afirmações como "sou feliz, sou feliz, sou feliz" o dia inteiro, mas isso não produzirá o mesmo estado de certeza quando fizer constantemente perguntas como: **"O que está me deixando feliz agora?"**, **"Com o que eu *poderia* ficar feliz agora, se quisesse?"**, **"Como isso me faria sentir?"** Em vez de meramente animá-lo, as perguntas dirigem seu foco e o fazem obter motivos fortes e verdadeiros para sentir a emoção. Assim, em vez de fazer uma simples afirmação, você vai experimentar uma verdadeira mudança emocional — algo real, duradouro.

108

Como você pode melhorar imediatamente a sua vida? Descobrindo e modelando as perguntas habituais das pessoas que você respeita. Se encontrar alguém extremamente feliz, garanto que há um motivo: essa pessoa focaliza incansavelmente o que a deixa feliz, e continuamente se pergunta como se tornar ainda mais feliz. Pessoas que têm bons resultados financeiros fazem perguntas diferentes das que têm resultados fracos quando buscam um investimento.

Um sucesso maior em qualquer área de sua vida está tão próximo quanto uma nova pergunta criada a partir do exemplo de alguém que já vive aquilo que você deseja. Lembre-se: pergunte e receberá!

109

Um dos principais ingredientes do sucesso é a abertura para ouvir as respostas. Quando estava criando a Disneylândia, Walt Disney tinha um modo especial de conseguir sugestões. Mandava preparar um mural para exibir todos os estágios de um projeto, e os responsáveis pela organização eram convidados a responder à pergunta: "Como podemos melhorar isso?" Assim, Disney obteve acesso aos recursos combinados de um exército criativo, produzindo resultados equivalentes à qualidade das sugestões.

Você não precisa estar no comando de uma organização para se beneficiar desse instrumento. *Como você poderia colocar seu foco em novas direções?* Que pessoas, entre as que interagem diariamente com você, poderiam lhe dar uma riqueza de sugestões — se ao menos fossem perguntadas?

110

As respostas que recebemos dependem das perguntas que estamos dispostos a fazer. É tudo uma questão de descobrir as perguntas específicas que vão ajudá-lo a alcançar estados mais plenos de recursos. Por exemplo, se o estudo e o progresso são importantes para você, perguntas como: "**Como posso usar esta situação para ter um desempenho ainda melhor no futuro?**" serão mais eficazes para romper um padrão emocional negativo.

Com situações realmente difíceis, você pode perguntar: "Daqui a dez anos isso realmente vai ter importância?"

Para lidar com dificuldades de relacionamento, uma pergunta como: "O que mais pode estar afetando esta pessoa, e como posso ajudá-la?" seria o modo mais rápido de resolver suas diferenças e de exprimir sua compaixão.

111

Os seres humanos são especialistas em supressão. De todas as coisas que podemos estar percebendo em determinado momento, só podemos focalizar conscientemente algumas poucas.

Ao fazer uma pergunta a si mesmo ou a outra pessoa, você pode mudar instantaneamente o foco. Por exemplo, uma pergunta como "Você já pensou no impacto que causaremos com o que criamos aqui?" pode fazer um colega de trabalho ou um membro de equipe deixar de lado todos os detalhes problemáticos de um projeto e se concentrar nos benefícios a longo prazo.

Conhece alguém que poderia se beneficiar desse tipo de estímulo?

112

Aquilo que procuramos, encontraremos. Para provar isso a você mesmo, faça uma experiência. *Onde quer que esteja neste momento, tire um minuto para olhar ao redor e depois pergunte-se: "O que foi que vi na cor marrom?"* Anote tudo que viu dessa cor.

Depois, feche os olhos. Em seguida, lembre-se de tudo que era... *verde*. Isso provavelmente será bastante difícil se você estiver familiarizado com o ambiente, mas se você estiver em uma área não familiar, será, sem dúvida, um desafio! Você vai lembrar facilmente de tudo que é marrom, mas provavelmente perceberá um vazio com relação a tudo que é verde.

Para concluir, abra os olhos e veja tudo que é verde. A probabilidade é de que todas as coisas verdes saltem aos seus olhos! **Lembre-se: "Procure, e achará."** Tenha consciência do que você procura.

113

O fato de considerarmos algo possível ou impossível costuma ser determinado pelo modo como fazemos as perguntas. As palavras específicas e a ordem em que são usadas podem nos levar a considerar certas possibilidades — ou a aceitar outras como verdades absolutas. Perguntar "Por que eu sempre me saboto?", por exemplo, coloca em movimento uma profecia que acaba se realizando: ela pressupõe que você realmente se sabota quando esse pode não ser o caso.

Aprenda a usar os pressupostos a seu favor. Encontre referências para basear novas crenças que lhe deem força. Pergunte-se: "Como essa experiência está melhorando minhas capacidades?" ou "Devido a tudo que passamos juntos, como nosso relacionamento pode ficar ainda mais forte?".

114

As perguntas criam respostas onde aparentemente não havia nenhuma.

No início da minha carreira, um sócio desfalcou uma grande quantia em dinheiro. **Em vez de declarar falência (como me aconselharam repetidamente), eu me perguntei: "Como posso dar a volta por cima?** Como posso usar minha empresa para causar ainda mais impacto do que antes? Como posso ajudar as pessoas mesmo enquanto durmo?" Essas perguntas me permitiram criar um departamento de franquias e uma série de clipes para TV que beneficiaram a vida de milhões de pessoas.

Se a princípio não consegue as respostas que deseja, você desiste? Ou continua perguntando, de quantas maneiras sejam possíveis, até conseguir as respostas de que precisa?

115

Crie um ritual diário de sucesso para você mesmo. A cada manhã levante-se pelo menos com duas ou três respostas para cada uma das seguintes perguntas, aproveitando as emoções positivas que elas inspiram. Se tiver dificuldade com uma resposta, simplesmente acrescente a palavra "poderia". Por exemplo, se não puder responder à pergunta "O que me deixa mais feliz em minha vida agora?", pergunte: "O que *poderia* me deixar mais feliz na vida agora, se eu quisesse?"

AS PERGUNTAS FORTALECEDORAS DA MANHÃ

1. O que em minha vida me deixa mais feliz agora? O que, nessa situação, me deixa feliz? Como isso me faz sentir?
2. O que em minha vida me deixa empolgado agora? O que, nessa situação, me deixa empolgado? Como isso me faz sentir?

116

AS PERGUNTAS FORTALECEDORAS DA MANHÃ
(Continuação)

3. O que em minha vida me deixa orgulhoso? O que, nessa situação, me deixa orgulhoso? Como isso me faz sentir?
4. O que em minha vida me deixa agradecido em minha vida? O que, nessa situação, me deixa agradecido? Como isso me faz sentir?
5. O que desfruto em minha vida agora? O que, nessa situação, eu desfruto? Como isso me faz sentir?
6. Em que me empenho em minha vida agora? O que, nessa situação, faz com que eu me empenhe? Como isso me faz sentir?
7. Quem eu amo? Quem me ama? O que me faz amar? Como isso me faz sentir?

Em seguida, você aprenderá como formar esse ritual diário de sucesso ainda mais eficaz.

117

Um excelente complemento para as perguntas fortalecedoras da manhã são as três perguntas fortalecedoras da noite, uma lista destinada a colocar em perspectiva os acontecimentos do seu dia. Já que você passa o dia inteiro fazendo perguntas a si mesmo, por que não fazer algumas que o ponham em um estado de espírito elevado antes de dormir?

AS PERGUNTAS FORTALECEDORAS DA NOITE

1. Com que contribuí hoje? De que maneira ajudei os outros?
2. O que aprendi hoje? Que novas percepções eu tive?
3. Como o dia de hoje aumentou minha qualidade de vida? Como posso usar o dia de hoje como investimento em meu futuro?
4. (Opcional: Repita as perguntas da manhã.)

118

O único fator que limita suas perguntas é sua crença no que é possível. Uma crença profunda que moldou positivamente meu destino é que se eu continuasse a fazer uma pergunta, certamente receberia a resposta. Exatamente como no programa de TV *Jeopardy!*, cada resposta já está lá — você só precisa fazer a pergunta certa.

119

Que perguntas seriam úteis para você fazer regularmente a si mesmo? Duas de minhas preferidas são, ao mesmo tempo, as mais simples e as mais poderosas para ajudar na superação de desafios: "**O que há de bom nisso?**" e "**Como posso usar isso a meu favor?**" Fazer a primeira pergunta rompe o ímpeto negativo e me faz lembrar de que podemos dar qualquer significado a qualquer experiência. Ao fazer a segunda pergunta eu focalizo o "como" em vez de o "por que" — as soluções e os benefícios, e não as coisas irrespondíveis.

Quais são as duas perguntas que você poderia começar a usar para mudar seu estado e obter acesso aos seus recursos? Acrescente-as às suas perguntas fortalecedoras da manhã, para que se transformem em parte integral de seu ritual diário para o sucesso.

120

Uma pergunta simples que pode fazer enorme diferença me foi sugerida por Leo Buscaglia, que tanto contribuiu no âmbito das relações humanas. Quando ele era jovem, seu pai lhe perguntava todas as noites: "**O que você aprendeu hoje?**" O garoto sabia que tinha de ter uma resposta — uma resposta boa. Se naquele dia não tivesse aprendido nada interessante na escola, ele corria para a enciclopédia. Décadas mais tarde, Leo continuava não indo para a cama antes de aprender algo novo e valioso.

Como sua vida ou a vida de seus filhos poderia ser incomensuravelmente melhorada acrescentando essa pergunta, ou uma parecida, em sua rotina diária? Como você poderia transformar esse processo em algo tão fundamental quanto comer ou dormir?

121

Em algum momento você deve parar de fazer perguntas e começar a agir. Perguntas como "Qual é o sentido da minha vida?", "A que dedico maior empenho?" e "Por que estou aqui?" são incrivelmente poderosas, mas **se você sofre para conseguir a resposta perfeita, não irá muito longe.** A resposta fundamental para cada pergunta costuma ser a que inspira confiança e leva à ação. Assim, com o objetivo de produzir resultados, simplesmente decida o que é mais importante para você — pelo menos no momento — e use seu poder pessoal para seguir adiante e transformar a qualidade de sua vida.

PARTE 5

O TRUQUE DA MUDANÇA

A ciência do condicionamento para o sucesso

"O hábito é o melhor dos servos ou o pior dos patrões."

— NATHANIEL EMMONS

122

Sempre me orgulhei de minha capacidade de produzir mudanças duradouras em quase qualquer pessoa. Um dia, porém, tive um amargo despertar, quando um homem que anos antes eu ajudara a abandonar o fumo puxou um maço de cigarros do bolso e disse:

— Você fracassou!

— O que você quer dizer? — perguntei, curioso para saber o que havia acontecido.

— Depois de nossa sessão, fiquei sem fumar durante dois anos e meio. Mas um dia me senti estressado, acendi um cigarro e voltei a fumar. É culpa sua! Você não me programou direito!

Apesar de sua comunicação ser pouco elegante, esse homem me deu um presente incrível. Ele me lembrou de que **devemos assumir a responsabilidade emocional por nossa mudança.** Ninguém pode "programá-lo". *Você deve se condicionar.*

123

Qualquer mudança que façamos será apenas temporária, a não ser que nós — e não outra pessoa ou circunstância — sejamos responsáveis por ela. Especificamente, devemos adotar estas três crenças profundas:

1. Isso *deve* mudar. Não basta acreditar que *deveria* mudar.
2. *Eu* devo mudar isso. Outros podem me ajudar, mas eu sou o responsável.
3. Eu *posso* mudar isso. Eu criei o que estou vivenciando, portanto, posso mudá-lo.

124

O que realmente faz a mudança ocorrer? Ela ocorre quando alteramos em nosso sistema nervoso as sensações que associamos à experiência. Enquanto o cigarro lhe provocar sentimentos de prazer, você vai procurá-lo. Só quando você associar ao cigarro o nojo — "boca com gosto de cinzeiro"— e a morte, poderá ocorrer uma mudança duradoura. Ainda que desejemos negá-lo, **o que realmente impulsiona nosso comportamento é a reação do organismo, e não o julgamento racional.** Você pode entender que o chocolate não é saudável, mas mesmo assim o come. Por quê? Porque não é tão impulsionado pelo que sabe intelectualmente, e sim por aquilo a que aprendeu a associar à dor e ao prazer *em seu sistema nervoso*. São nossas *neuroassociações* — as associações que estabelecemos em nosso sistema nervoso — que determinam o que faremos.

125

Por que a maioria das tentativas de quebrar um hábito não funciona? Porque cuidamos dos sintomas do problema — fazendo dieta, cortando a bebida ou os cartões de crédito —, mas não eliminamos a *causa*.

A técnica que desenvolvi, o Condicionamento Neuroassociativo (NAC — Neuro-Associative Conditioning™ na sigla em inglês), é uma estratégia simples mas poderosa, de seis etapas, destinada a produzir a mudança duradoura:

1. **Determine com clareza o que realmente deseja.** A maioria das pessoas focaliza o que não quer.
2. **Use uma alavanca.** Transforme a mudança em uma necessidade.
3. **Interrompa o padrão limitador.** Quebre o "elo" entre o hábito e você.
4. **Crie uma alternativa nova e fortalecedora.** Você não pode simplesmente romper um comportamento ou uma emoção; deve substituí-los.
5. **Estabeleça um condicionamento** — até adquirir o novo hábito.
6. **Teste-o.** Certifique-se de que ele funciona!

126

O que nos impede de mudar? **Algumas de nossas crenças pessoais e culturais podem nos prender.**

Muitas pessoas não acreditam que possam mudar simplesmente porque as tentativas anteriores fracassaram. Ou podem achar que a mudança precisa ser um processo longo e doloroso; caso contrário, argumentam, por que ainda não mudaram? Além do mais, se você resolve em questão de minutos um problema que vem enfrentando há anos, terá de encarar os amigos e a família, que podem perguntar: "Se foi tão fácil, por que perdemos tempo nos preocupando com você?" Com todos esses "incentivos" negativos, aprendemos a demorar bastante tempo para que as pessoas "apreciem" nossa mudança.

Jogue fora essa hipnose cultural e perceba que novas ações produzem novos resultados agora mesmo.

127

Todos nós aprendemos que as mudanças rápidas — de comportamento crença ou emoção — podem significar que somos hipócritas, volúveis ou instáveis. Já as pessoas consideradas coerentes são rotuladas de "dignas de confiança", "sólidas", "sinceras". Tudo isso cria uma tremenda pressão externa para preservar o *status quo* e continuarmos fazendo exatamente o que esperam de nós.

Perceba que, se você criar instantaneamente um problema, também pode criar rápida e facilmente uma solução! Pense: quando uma pessoa parece demorar muito tempo para mudar, será que a mudança demorou tanto assim — ou será que a demora foi para chegar ao ponto em que a mudança passa a ser uma necessidade?

Para mudar rapidamente, a primeira crença que você deve adotar é que pode mudar praticamente tudo agora.

128

Não há nada de errado com você. **Você não está quebrado. Não precisa ser "consertado".** Se você evita constantemente a rejeição, seu cérebro está simplesmente fazendo um trabalho eficaz para protegê-lo da dor. Mas evitar completamente o sexo oposto também causa dor! Para criar um novo comportamento, você deve simplesmente reorganizar a sua mente. Os recursos de que precisa para mudar qualquer coisa em sua vida estão dentro de você, só esperando para serem utilizados.

Se você deseja melhorar alguma área de sua vida, seja no comportamento ou nas emoções, identifique-a agora e use o resto desta parte para ajudá-lo a alcançar o que deseja

150

129

PASSO Nº 1 DO NAC

Decida o que você realmente *quer* e determine o que o impede de alcançar isso agora.

Lembre-se de que obtemos aquilo que focalizamos. Em vez de pensar no que não quer, articule claramente o que *realmente* quer. Por exemplo, em vez decidir "parar de fumar", decida "ser mais saudável, mais vibrante e mais vivo do que nunca". Quanto mais específico você for, mais poder terá para alcançar rapidamente seu objetivo.

Depois de ter decidido o que quer, identifique qualquer obstáculo que possa enfrentar, como a dor antecipada que pode ocorrer como resultado da mudança.

O que você deseja? O que o impede de alcançar isso agora?

130

Você já percebeu que, quando as pessoas ficam doentes e são muito paparicadas, algumas vezes elas não se curam tão depressa da doença? Apesar de realmente desejarem se recuperar logo, o prazer de receber todo aquele amor, aquela atenção e a permissão de relaxar pode inconscientemente adiar ou impedir a cura. **Quando as pessoas obtêm um benefício secundário com a própria dor ou emoção que estão tentando mudar, isto é chamado de *ganho secundário*.** Essa necessidade de preservar o benefício secundário costuma ser uma das maiores inibições à mudança duradoura.

Que benefícios ocultos você pode obter com um comportamento que você sabe que deve mudar? Qual é a atração deles comparada à dor que você sabe que esse comportamento lhe causou no passado, no presente e que poderá causar no futuro?

131

PASSO Nº 2 DO NAC

Use uma alavanca: Associe uma dor forte a não mudar agora e um prazer imenso à transformação imediata. Pergunte:

1. O que esse comportamento (ou emoção) me custará se eu não mudar?
2. O que perderei na vida se não mudar?
3. O que o velho comportamento já me custa mental, emocional, física, financeira e espiritualmente?
4. Como isso afeta minha carreira e as pessoas que amo?

Imagine e experimente os efeitos prazerosos de mudar agora. Pergunte:

1. Quando mudar, como vou me sentir comigo mesmo?
2. Que tipo de impulso vou criar ao realizar essa mudança?
3. Como vão se sentir minha família e meus amigos?
4. Qual será o tamanho de minha felicidade?
5. *Será que não mereço esses benefícios agora?*

132

Ele tinha tentado quase tudo para deixar de fumar. Nada funcionara, até que sua filha de 6 anos de idade entrou na sala gritando: "Papai, por favor, pare de se matar! Eu quero que você esteja lá... *no meu casamento!*" Nenhum argumento poderia convencê-la de que fumar não ia matá-lo. Os cigarros foram jogados fora naquele dia, e desde então ele não fumou. Algumas vezes, nossa dor não basta para provocar a mudança, mas a dor das pessoas que você ama pode proporcionar uma alavanca poderosa.

Se você tentou mudar e fracassou, o ingrediente que faltava provavelmente foi a *alavanca.* A não ser que chegue ao ponto em que a mudança é uma necessidade absoluta, você provavelmente continuará adiando-a. Mas com motivos suficientemente fortes — a alavanca correta — você será impelido a agir.

133

Quer uma estratégia infalível para perder alguns quilos indesejáveis? Que tal esta ideia:

Arranje um companheiro que também queira perder peso e prometa a ele e a um grupo de amigos que os dois começarão um regime rígido de comidas saudáveis e exercícios prazerosos. Comprometam-se ainda mais, dizendo que, se quebrarem a promessa, vão comer uma lata inteira de comida de cachorro!

A mulher que me contou isso disse que ela e a amiga deixavam as latas de comida de cachorro à vista o tempo todo, para se lembrarem do compromisso. Quando começavam a sentir fome ou a pensar em não fazer exercícios, pegavam a lata e liam o rótulo. Ingredientes apetitosos como "pedacinhos de carne de cavalo" ajudaram-nas a alcançar o objetivo sem ceder um palmo!

134

PASSO N° 3 DO NAC

Interrompa o padrão limitador.
Você já viu uma mosca presa numa sala? Na busca desesperada por uma saída, ela se choca repetidamente contra a janela mais próxima.

Já percebeu pessoas fazendo algo bem parecido com isso? Elas podem ter motivação suficiente, mas se continuam fazendo o que não funciona nunca alcançarão o objetivo. É como o pai ou o cônjuge que resmunga constantemente, sem resultados — ou até mesmo com resultados contrários.

Interrompa os padrões limitadores fazendo algo inesperado. Se você costuma resmungar, interrompa-se no meio da frase, caia de joelhos e dê... um sorriso! Aproxime-se, dê um abraço, e diga o quanto ama seus filhos e seu cônjuge.

Quais são alguns dos modos divertidos e lúdicos que você pode usar para interromper um padrão limitador?

135

Para criar um novo padrão de pensamento, sentimento ou comportamento, você deve, primeiro, interromper o padrão antigo. Para visualizar isso, pense em um CD. Por que ele toca sempre a mesma música? Porque há um padrão invisível gravado em sua superfície.

Assim como é inútil colocar um novo CD ao mesmo tempo em que o outro ainda está tocando, **é perda de tempo tentar estabelecer um novo padrão comportamental/emocional com o padrão antigo ainda gravado.** Em vez disso, no momento em que se perceber entrando no padrão, interrompa-o das maneiras mais loucas, exóticas e divertidas que encontrar. É como ouvir uma música que você nunca mais vai querer escutar de novo, ejetar o disco e arranhar vigorosamente a superfície até ter certeza de que nunca vai poder ouvir aquela "música" de novo.

136

O motivo da dificuldade de se mudar um padrão (emocional ou comportamental) é que ele está literalmente "amarrado" a você. Um pesquisador provou isso movendo para a frente e para trás o dedo de um macaco, e monitorando as conexões resultantes entre as células nervosas do cérebro. Com o movimento repetido, ele observou que a conexão aumentava, e depois de ter movido o dedo do animal centenas de vezes, elas se ligaram formando um caminho irresistível. Agora "amarrado" por esse comportamento, o macaco continuava flexionando o dedo mesmo depois de o condicionamento ser interrompido.

Muitos de nós — por meio da repetição excessiva — nos treinamos para fugir ao controle... ficar doentes de preocupação... nos sentirmos inseguros... abusar do álcool.

Que reflexos positivos você pode reforçar com a repetição?

137

Existem padrões inconscientes moldando sua vida? Muitas pessoas, por exemplo, repetem todos os dias o mesmo caminho para ir ao trabalho: pegam a mesma via expressa, a mesma saída etc. Nós treinamos nosso cérebro e nosso corpo para funcionar dentro de um padrão específico até que isso se transforme em um hábito. O que acontece no dia em que precisamos pegar uma saída diferente? A maioria de nós, por causa do condicionamento, passa direto por ela.

Em outras áreas de nossas vidas, temos padrões emocionais ou comportamentais que são igualmente entranhados no cérebro. Será que alguém que você conhece tem o hábito de ficar com raiva, frustrado ou arrasado? Talvez esteja na hora de você se sentir feliz, empolgado ou agradecido. Parece difícil? É tão fácil quanto interromper de modo divertido seu velho padrão emocional e substituí-lo por outro agradável.

138

Você perde aquilo que deixa de utilizar. Um modo fácil de interromper um padrão limitador é simplesmente evitá-lo. Um caminho nervoso (uma neuroassociação) que não for usado se atrofiará. Mas tenha cuidado: isso funciona tanto para o negativo quanto para o positivo. **A coragem não utilizada diminui; o empenho não exercitado desaparece; a paixão não manifestada se dissipa.**

Agora mesmo tome a decisão de fazer algo que o leve a utilizar uma de suas emoções mais ricas e mais fortalecedoras. Lembre-se: quanto mais você usa algo, mais forte ele se torna. Nossos músculos emocionais devem ser exercitados não somente para produzir resultados, mas para nos manter em um estado saudável e preparado.

139

PASSO N° 4 DO NAC

Crie uma alternativa nova e fortalecedora.

Um estudo sobre ex-viciados em drogas revelou que as taxas de recaída variam de acordo com a motivação dos indivíduos para deixarem o vício. Os que foram forçados externamente a abandonar as drogas voltaram ao vício imediatamente depois de saírem da cadeia. Os que foram internamente motivados a abandonar os entorpecentes conseguiram se abster por cerca de dois anos. Os que substituíram seus vícios por novas alternativas — como se concentrar na religião, desenvolver uma nova habilidade —, geralmente passavam oito anos ou mais sem recaída, e a maioria nunca mais usou de drogas.

As tentativas de mudança por parte da maioria das pessoas são apenas temporárias porque elas não conseguem encontrar um modo alternativo de sair da dor e chegar ao prazer. Os padrões antigos *devem* ser substituídos, e não somente eliminados.

140

PASSO Nº5 DO NAC

Condicione-se ao novo padrão, até que ele seja consistente.

Tive uma verdadeira aula de condicionamento um dia, enquanto olhava um afinador trabalhando em nosso novo piano de meia-cauda. Quando pedi a conta, ele disse que a entregaria na próxima visita. "Quer dizer que não está pronto?", perguntei. Ele explicou pacientemente que as cordas de piano eram muito fortes e que, para mantê-las no nível perfeito de tensão, elas teriam de ser continuamente *condicionadas* a ficar naquele nível.

É exatamente isso que devemos fazer para criar uma mudança duradoura. Devemos condicionar nosso sistema nervoso a ter sucesso não somente uma vez, e sim continuamente. Afinal de contas, você não iria a apenas uma aula de aeróbica para dizer em seguida: "Agora estou saudável pela vida inteira!"

141

Lembra-se do macaco que, com o movimento constante do dedo, literalmente criou uma conexão neural que o levou a flexioná-lo de forma contínua? Pesquisadores mostraram que, se excitassem o animal emocionalmente enquanto o treinavam, a conexão neural seria fortalecida e intensificada com menos repetições. Se você ensaiar um novo comportamento imaginando-o ou praticando-o regularmente com intensidade emocional (isto é, com empolgação, paixão), vai estabelecer uma nova "via expressa neurológica" para o prazer. Esse tipo de condicionamento garante que você vai se sentir automaticamente impelido a seguir por essa nova "rota" (padrão emocional/comportamental).

Lembre-se: é importante reforçar o novo padrão de comportamento recompensando imediatamente a si mesmo (ou alguém a quem esteja ajudando) sempre que o usar. Qualquer padrão de pensamento, sentimento ou comportamento que seja constantemente reforçado vai se transformar em um hábito.

142

A força irresistível do condicionamento é muito bem-ilustrada pelo grande jogador Larry Bird, do Boston Celtics. Quando foi contratado para estrelar em um comercial de refrigerante, o roteiro pedia que ele errasse um lance. **Bird fez nove cestas em seguida antes de conseguir errar!** Tinha sido tão condicionado a colocar a bola na cesta que precisou de toda a sua concentração e de um bocado de treinamento para conseguir errar uma. Sem dúvida, existe uma parte do cérebro de Larry Bird que forma uma "via expressa neural" com a sequência de movimentos necessários para fazer uma cesta.

Saiba que podemos condicionar qualquer comportamento se o fizermos com um número suficiente de repetições e com intensidade emocional.

143

Uma lei fundamental do condicionamento diz que qualquer padrão que seja continuamente reforçado vai se tornar uma reação automática e condicionada. **Tudo que deixarmos de reforçar acabará se dissipando.**

Que recompensas — mentais, emocionais e físicas — você poderia dar a si mesmo para criar os novos hábitos positivos que deseja?

144

Você pode ensinar uma galinha a dançar? Espantosamente, sim, porque todos os animais — e seres humanos — têm comportamento variável. O segredo dos treinadores é examinar a galinha atentamente. Sempre que ela se move naturalmente na direção desejada, eles imediatamente reforçam com um pouco de comida. Nesse ponto a galinha não sabe por que está sendo alimentada, mas a cada vez que se move na direção desejada pelo treinador ele recompensa/reforça o comportamento. Com o tempo, a galinha aprende a virar-se na direção desejada, e uma sequência desses movimentos acaba formando uma dança.

Obviamente, as pessoas são mais complexas do que as galinhas. Entretanto, você não foi treinado para se comportar de determinada maneira no trabalho ou na escola? *Como você pode usar esse princípio de treinamento para criar novos hábitos em você mesmo, nos seus funcionários ou nos seus filhos?*

145

TÉCNICA DE CONDICIONAMENTO Nº 1

A noção de tempo é absolutamente fundamental para o condicionamento eficaz. Para que o reforço funcione, ele deve ocorrer no momento exato em que a pessoa faz aquilo que você deseja. Se se passar muito tempo antes que o comportamento seja reforçado, negativa ou positivamente, as conexões serão feitas intelectualmente, mas não emocionalmente no sistema nervoso.

Por exemplo: as multas recebidas pelas pessoas por estacionar em lugar proibido podem trazer alguma inconveniência para elas mais tarde. Mas como só precisarão pagar a multa muito depois, os infratores contumazes não associam muita dor ao comportamento. Mas posso garantir que se o carro explodisse toda vez que eles estacionassem em local proibido, não somente o padrão estaria rompido como um novo padrão se instalaria imediatamente!

146

EXERCÍCIO PARA A TÉCNICA DE CONDICIONAMENTO N° 1

Faça uma lista de recompensas que você pode dar imediatamente a si mesmo quando agir da forma desejada. Em seguida, estabeleça uma situação específica em que você vai se reforçar usando uma dessas recompensas.

TÉCNICA DE CONDICIONAMENTO N° 2

A constância do reforço é muito importante quando você começa a condicionar um novo padrão. *Toda vez* que realizar o comportamento desejado (por exemplo, levantar-se da mesa antes de estar completamente satisfeito, ou recusar um cigarro que alguém oferecer), recompense a si mesmo imediatamente.

147

TÉCNICA DE CONDICIONAMENTO N° 3

Os treinadores de animais sabem que se você continuar alimentando um golfinho cada vez que ele salta, logo ele não vai saltar, a não ser que você o alimente. Pior, ele pode ficar saciado e não saltar mais.

Você e eu não somos diferentes — nem nossos filhos, sócios ou qualquer pessoa com quem lidemos. Uma vez que um padrão de comportamento se estabelece, a ferramenta do *reforço variável* é muito mais eficaz para mantê-lo. Assim, depois de cerca de um mês de recompensas constantes por um novo comportamento, interrompa o reforço contínuo. *Em vez disso, recompense a si mesmo ou aos outros espontaneamente!*

148

O reforço variável é uma das ferramentas de condicionamento mais poderosas do planeta. Considere, por exemplo, o vício do jogo. Se as pessoas ganhassem todas as vezes, seria empolgante a princípio, mas logo ficaria parecido com o trabalho (isto é, puxar a alavanca todos os dias e ser recompensado por isso!). O drama de não ter certeza se será recompensado ou não excita o sistema nervoso, aumentando a intensidade do prazer no momento da recompensa e transformando-a em uma experiência poderosa. É isso que vicia as pessoas. Do mesmo modo, se você parar de fumar e depois der a si mesmo a "recompensa" de só um cigarro, irá induzir o poder do reforço variável e intensificará seu vício. *Evite a todo custo cair nessa armadilha.*

149

TÉCNICA DE CONDICIONAMENTO Nº 4

Para criar uma mudança mais duradoura, é mais eficaz combinar duas técnicas:

1. Recompense a si mesmo a intervalos determinados para ações específicas (reforço com "programação fixa"). Por exemplo, os golfinhos que estão sendo treinados para saltar dez vezes seguidas são recompensados no décimo salto — *todas as vezes*. Porém, para garantir que não aprendam a dar o máximo de si apenas no décimo salto, outros saltos são recompensados aleatoriamente. Assim, o golfinho sempre salta alto por causa da "possibilidade excitante" da recompensa.
2. Portanto, para reforçar a si mesmo ou a outras pessoas, certifique-se de incluir algumas surpresas especiais para esforços extraordinários.

Lembra-se de como foi ótimo na última vez em que você recebeu uma bonificação inesperada no trabalho, um reconhecimento especial na escola, a surpresa de um fim de semana viajando com a pessoa amada?

150

TÉCNICA DE CONDICIONAMENTO Nº 5

Uma das ferramentas mais valiosas para o treinamento, seja de golfinhos ou de pessoas, é o "prêmio de loteria". Ocasionalmente, quando um golfinho não está tendo um bom desempenho, o treinador lhe dá o peixe assim mesmo, aparentemente sem motivo. Frequentemente, esse tipo de surpresa estimula o golfinho a recomeçar os saltos.

Da próxima vez que você ou outra pessoa ficar desmotivado, talvez o que falte seja um "prêmio de loteria" — alguma forma especial de premiação pelo qual a pessoa não precisa trabalhar, mas que seja suficiente para interromper o atual padrão de comportamento e lançar o indivíduo na tentativa de algo novo. De modo igualmente importante, dar uma recompensa maior do que a pessoa espera por um comportamento excelente vai produzir esforços extraordinários no futuro.

Você conhece alguém que precise ou mereça um prêmio especial hoje?

151

PASSO Nº 6 DO NAC

Teste!

Use a seguinte lista para verificar os cinco passos anteriores:

1. Certifique-se de que, quando pensa no velho padrão de sentimento ou comportamento, o associa imediatamente a dor intensa.
2. Garanta que haja algum prazer associado ao novo padrão: quando pensa no novo comportamento ou sentimento, sente prazer em vez de dor?
3. Certifique-se de que o novo comportamento é coerente com seus objetivos, suas crenças, sua filosofia de vida.
4. Certifique-se de que os benefícios do padrão antigo foram mantidos. Por exemplo, se costumava fumar para se acalmar ou reduzir o estresse, você tem um modo novo de conseguir esse resultado de maneira igualmente eficaz? O novo comportamento continuará permitindo que você obtenha os sentimentos de prazer que costumava obter com o padrão antigo?
5. Imagine-se com o novo comportamento no futuro: visualize alguma coisa que o levaria a voltar ao comportamento antigo. Certifique-se de que automaticamente usará o padrão novo, e não o antigo.

PARTE 6

O VOCABULÁRIO DO SUCESSO

O poder do Vocabulário Transformacional e das metáforas globais

"As palavras são o fio onde
amarramos nossas experiências."

— ALDOUS HUXLEY

152

Você já se sentiu profundamente tocado por um grande comunicador? Ainda se lembra das palavras de um John F. Kennedy, um Winston Churchill, um Martin Luther King Jr.? Pelo poder de suas palavras, esses homens afetaram não somente indivíduos, mas nações inteiras, e mesmo depois de sua morte eles continuam a tocar os outros.

Você já parou para pensar no poder que possui para estimular ou deprimir a si mesmo simplesmente com as palavras que você costuma usar? As palavras que você usa são animadoras ou devastadoras? Elas dão esperança ou desespero? Uma das nossas maiores descobertas é o poder de mudar imediatamente sua experiência apenas escolhendo conscientemente as palavras que usa para descrever o modo como se sente.

153

As palavras têm o poder de desencadear guerras ou criar a paz, destruir relacionamentos ou reforçá-los. O modo como nos sentimos com relação a qualquer coisa é determinado pelo significado que atribuímos a ela. As palavras que você escolhe consciente ou inconscientemente para descrever uma situação mudam de imediato o que ela significa para você e, consequentemente, o modo como você se sente. Será que você iria se sentir diferente se descrevesse, para si mesmo, um evento como devastador ou como só um pouco desapontador? Existe uma diferença de intensidade emocional entre chamar alguma coisa de problemão ou de pequeno desafio? E se você me contasse uma convicção pessoal e eu dissesse que está equivocado? E se eu dissesse que está errado? Pior, e se eu escolhesse usar as palavras "você está mentindo"? Isso afetaria a nossa relação?

154

Há anos fiz uma descoberta que mudou minha vida para sempre. Eu estava em uma reunião de negócios com dois sócios, e nós recebemos notícias que certamente produziriam consequências negativas. Mas cada um de nós demonstrou uma intensidade emocional diferente com relação àquilo. E mais, eu não pude deixar de perceber que todos tínhamos maneiras diferentes de *descrever* como nos sentíamos. Eu estava "irritado", um dos sócios estava absolutamente "furioso" e o terceiro estava meramente "aborrecido". Lembro de ter pensado: que palavra estúpida para descrever a situação! Eu nunca me sentia aborrecido. Interessante: eu nunca sentira essa emoção e nunca usara a palavra para descrever como me sentia. Comecei a me perguntar: se você estabelecer um novo conjunto de palavras, será que pode transformar seus padrões emocionais?

155

Baseado na reunião citada anteriormente, assumi o compromisso de durante dez dias adotar essa palavra estúpida e boba — "aborrecido" — e de utilizá-la numa situação em que eu normalmente diria que algo me deixou "irritado" ou "furioso". Os resultados foram surpreendentes. Apenas mudando a palavra que eu habitualmente usava para descrever meus sentimentos negativos, imediatamente reduzi sua intensidade. Dizer "Isso realmente me deixa aborrecido" interrompeu meu padrão. Logo adotei outras palavras, como: "Você está começando a me *aborrecer*." Dá para imaginar-se tentando dizer isso a alguém com quem você esteja chateado e continuar de cara séria?

Escolha uma palavra que você use habitualmente para descrever seus sentimentos negativos e encontre uma palavra alternativa que rompa o seu padrão ou que pelo menos diminua sua intensidade.

156

Quando usa uma palavra diferente da que normalmente utilizaria para determinada experiência, você está colocando um novo rótulo na experiência. É como apertar outro botão bioquímico: você não muda só intelectualmente, muda o modo como se sente emocionalmente. As palavras são instrumentos disparadores. Se duvidar, imagine alguém xingando-o com um palavrão. O mais provável é que isso crie em você uma mudança fisiológica, e não somente mental.

A esse poder de transformar instantaneamente as emoções, de baixar ou elevar a sua intensidade, eu chamo de Vocabulário Transformacional. Simplesmente, altere seu vocabulário habitual — as palavras que você usa continuamente para descrever suas emoções e sensações — para mudar imediatamente o modo como você pensa, sente e vive. Essa é uma das ferramentas mais poderosas e mais simples para mudar num instante a vida de qualquer pessoa.

157

A maioria de nós não tem consciência da escolha de palavras para descrever consistentemente nossa experiência de vida. Frequentemente, adotamos palavras para descrever nossas emoções sem ao menos pensar no impacto potencial que elas terão sobre nós e sobre os outros. Essas palavras se tornam parte de nosso vocabulário habitual e moldam o sentimento sobre nossa vida.

Por exemplo, muitas pessoas usam regularmente palavras como "humilhação" ou "depressão" para descrever praticamente qualquer experiência desagradável. Diga alguma coisa de que elas não gostem e elas ficam humilhadas/deprimidas. Questione seu ponto de vista e elas ficam humilhadas/deprimidas. *Tudo* as humilha ou deprime, porque ligam essas palavras quase a qualquer experiência. **É fundamental expandir seu vocabulário emocional para que as palavras que você escolhe produzam os estados emocionais que você deseja e merece.**

158

Qual é a importância da linguagem para moldar nossa experiência de vida? É absolutamente fundamental. Simplesmente, as palavras que ligamos à nossa experiência se tornam a nossa experiência.

159

Mark Twain disse uma vez: "A palavra correta é um agente poderoso. Sempre que encontramos uma dessas palavras intensamente corretas... o efeito resultante é tanto físico quanto espiritual, além de imediato."

Que palavras têm efeito mais poderoso sobre você? São expressões de ternura, xingamentos, exclamações, exageros?

160

O vocabulário da maioria das pessoas consiste somente em alguns milhares de palavras. Quando você considera que o inglês, a língua mais ampla do mundo, contém entre 500 mil e 750 mil palavras, isso significa que usamos regularmente apenas cerca de 2% de nossa língua! E o pior é que a maioria das pessoas tem somente umas 12 palavras, talvez no máximo 20, para descrever suas emoções mais comuns. E dessas, geralmente a metade — ou mais — é negativa.

Quantas palavras você usa habitualmente para descrever o modo como se sente com relação a outras pessoas e a você mesmo? Quantas delas poderia escrever agora mesmo?

161

Você fica nervoso se precisar falar diante de um grupo de pessoas? Seu estômago fica embrulhado? Sua respiração se acelera? Seu pulso dispara? Suas mãos tremem? Essas sensações impediram que Carly Simon se apresentasse ao vivo durante cinco anos. Outros artistas, porém, descobriram como usá-las em benefício próprio. Bruce Springsteen, por exemplo, rotula essas mesmas sensações físicas como "excitação", e considera que sejam uma parte natural e positiva da preparação para se apresentar. Essas sensações fazem com que ele se lembre da experiência incrivelmente poderosa de entreter milhares de pessoas. Para ele o pulso acelerado não é um inimigo; é um aliado.

Na próxima vez em que você souber que será centro de atenções, talvez seja a ocasião de apreciar esse fluxo de adrenalina como excitação e não como medo.

162

Assim que rotulamos alguma coisa, criamos uma emoção correspondente. Em nenhuma situação isso é tão verdadeiro quanto nas doenças. Estudos mostraram que os diagnósticos de câncer e de doenças cardíacas podem causar pânico nos pacientes, levando ao desamparo e à depressão, que podem anular a eficácia do sistema imunológico. Inversamente, estudos mostraram que, se os pacientes não recebem o peso da depressão causada por determinados rótulos e entendem claramente do que o corpo precisa para ficar saudável, o sistema imune costuma passar por um reforço imediato.

O Dr. Norman Cousins definiu isso muito bem quando discutimos o Vocabulário Transformacional: **"As palavras podem produzir doença; as palavras podem matar. Portanto, os médicos sensatos são muito cuidadosos quanto ao modo de se comunicar."**

Escolha cuidadosamente as palavras que você usa para descrever a sua saúde.

163

As pessoas com vocabulário pobre têm vidas emocionalmente pobres. Pessoas com vocabulário rico têm uma paleta de muitas cores para pintar a experiência da vida, não somente para os outros mas para elas mesmas. *O que você poderia fazer hoje para expandir sua "paleta emocional"?* Que palavras positivas e animadoras você poderia acrescentar ao seu vocabulário emocional? Se você usar constantemente essas palavras, quanto sua vida seria mais agradável?

Pense em pessoas que você conhece e que levem uma vida extraordinariamente feliz ou apaixonada. Que palavras elas usam constantemente para descrever sua experiência de vida e que você poderia copiar adotando alguns dos padrões emocionais que elas apresentam?

164

Você decidiu que é hora de usar a ferramenta do Vocabulário Transformacional para substituir suas palavras habitualmente enfraquecedoras por outras mais inspiradoras? Faça o seguinte:

1. Escreva três palavras que você usa regularmente quando se sente péssimo.
2. Coloque-se em um estado lúdico, talvez até mesmo insensato. Pense em algumas palavras novas para quebrar o padrão ou, pelo menos, baixar sua intensidade emocional. Use palavras que sejam tão idiotas, doidas ou totalmente inadequadas a ponto de quebrar seu ímpeto negativo e criar um sentimento instantâneo de divertimento. Um dos motivos de eu substituir atualmente a palavra "irritado" por "aborrecido" ou "azucrinado" é que estas palavras me parecem ridículas demais. Não consigo dizer "azucrinado" mantendo o rosto sério.

165

A intensidade dos sentimentos negativos pode ser baixada com o uso de termos modificadores ou aliviadores. Além de substituir "irritado" por "aborrecido", por que não tentar algumas dessas frases: "Estou ficando *um pouquinho* azucrinado.", "Estou me sentindo *ligeiramente* chateado.", "Estou começando a sentir uma *pitada de* exaltação.", "Isso é *um tiquinho* inconveniente!".

166

Como você se comunica com seus filhos? Frequentemente, não percebemos o impacto que nossas palavras têm sobre eles. Em vez de gritar: "Você é tão desajeitado!" ou "Por que não consegue ficar quieto?" — comentários que podem minar a autoconfiança de uma criança —, **tente usar o humor para quebrar o padrão deles.** Por exemplo, você poderia dizer com o rosto sorridente: "Se você continuar desse jeito, posso começar a ficar *ligeiramente chateado.*" Diga alguma coisa que mude não somente o foco do seu filho, mas também seu foco, pavimentando o caminho para uma comunicação e um comportamento mais adequados. Depois continue com uma sugestão do tipo: "Querido, se você fizer isso de um jeito diferente, acho que vai conseguir exatamente o que quer."

167

Eis como conseguir uma alavanca para começar a usar o Vocabulário
Transformacional em base contínua:

1. Diga a três amigos quais são as palavras ou frases que você quer
   eliminar do vocabulário habitual e quais as palavras e frases que
   quer colocar em seu vocabulário.
2. Monitore-se durante os próximos dez dias. Se você se pegar usando
   a palavra antiga, quebre imediatamente o padrão usando a palavra
   nova. Se se pegar automaticamente usando a palavra nova, dê a
   você mesmo uma recompensa imediata.
3. Seus amigos devem ajudá-lo a manter a linha. Sempre que o perceberem usando uma das palavras antigas, devem redirecioná-lo.
   (Dizendo, por exemplo: "Você está furioso ou só um *pouquinho
   agastado?*", "Está frustrado ou *fascinado?*".)

168

Será que sempre devemos baixar a intensidade das emoções negativas? Claro que não; todas as emoções humanas têm seu lugar. Algumas vezes, por exemplo, algumas pessoas precisam sentir raiva para criar alavanca suficiente para a realização de uma mudança. Entretanto, não queremos chegar aos nossos estados mais negativos e intensos como primeira ação, ou quando eles não são garantidos, necessários ou adequados. **O objetivo é simplesmente sentir cada vez menos dor e mais prazer na vida.**

169

O Vocabulário Transformacional não somente nos ajuda a eliminar padrões de dor, mas também pode aumentar nosso prazer. **Comece a intensificar sua experiência de emoções positivas fazendo este exercício:**

1. Escreva três palavras ou frases que você usa regularmente para descrever seus estados positivos. Elas são pouco inspiradoras?
2. Pense em três palavras ou frases novas que vão deixá-lo absolutamente motivado.
3. Peça a ajuda de três amigos para ajudá-lo a manter o padrão novo e mais elevado (dizendo, por exemplo: "Você está interessado ou *absolutamente entusiasmado!*", "Isso faz você se sentir feliz ou *em êxtase?*"). Se você conseguir uma alavanca para si mesmo nos próximos dez dias, poderá começar a usar com eficácia essas novas palavras.

170

As palavras têm um impacto poderoso sobre nossas emoções, mas grupos particulares de palavras — as que usamos como metáforas — têm um extraordinário efeito explosivo. Por exemplo, você pode dizer: "Estou *irritado* com João." Ou pode usar uma metáfora: "João me *esfaqueou* pelas *costas.*" Que descrição é mais intensa? Sem dúvida, a ideia de ser esfaqueado vai afetá-lo mais profundamente.

Quando usa uma metáfora, você não está descrevendo a experiência do momento, e sim como ela *se parece* com outra coisa. Frequentemente, nossas metáforas são muito mais intensas do que a realidade. O que João realmente fez? Ele pode ter quebrado uma promessa, mas há grande diferença entre isso e uma "facada nas costas", não é?

Que metáforas você usa continuamente para descrever experiências dolorosas ou frustrantes?

171

Aprendizado é o processo de criar uma relação entre algo que você já compreende e algo novo. Um modo de fazer isso é usar uma metáfora para fazer a comparação.

Independentemente de crenças espirituais, a maioria das pessoas concorda que Jesus Cristo foi um notável professor. Como ele ensinava? Usando metáforas. Quando se aproximava de pescadores, ele não dizia: "Quero que vocês saiam e recrutem cristãos." Dizia: "Quero que vocês se tornem *pescadores de homens.*" Utilizando a metáfora da pesca (algo que eles já compreendiam) e relacionando-a com uma nova ideia (compartilhar o cristianismo), ele, instantaneamente, ensinava o processo. Uma metáfora pode levá-lo, num instante, da escuridão da ignorância para a luz da compreensão.

Na próxima vez em que estiver confuso, pergunte: "Como é isso? Pode me dar uma metáfora?"

172

Mesmo não percebendo, constantemente usamos metáforas para descrever aspectos de nossa vida. As metáforas definem nossa perspectiva de vida. Por exemplo, se eu perguntasse a você: "O que é a vida? Descreva em uma metáfora. Como é?" Você pode descrever a vida como uma batalha, e outra pessoa pode dizer que é um jogo, um teste, uma dança. **Essas são chamadas metáforas globais, porque afetam simultaneamente muitas áreas de sua vida.**

E se você se aproxima de tudo com o ponto de vista de que a vida é uma batalha? Ela é dura; você pode perder ou ser morto; a pessoa que você encontra na rua pode ser sua inimiga. E se a vida é um jogo? Pode ser divertida. E se for uma dança? Talvez haja nela um ritmo natural.

173

Qual metáfora é a "certa" para você usar? **Provavelmente, todas as metáforas são úteis, em momentos diferentes.** Algumas vezes, você precisa que a vida seja um jogo, para que sua perspectiva seja mais lúdica. Algumas vezes, precisa vê-la como uma jornada sagrada, para que você aprecie e reverencie os presentes que recebeu, sejam eles os amigos, a família ou as oportunidades. Algumas vezes, é útil achar que a vida é somente um teste ou um desafio, especialmente quando você se vê diante de uma situação que parece não ter significado positivo. Se escolher um jeito diferente de representar a vida, automaticamente pensará, sentirá e reagirá às situações de um modo novo.

Quantas metáforas positivas você pode usar para descrever o que a vida significa para você? Faça uma lista agora.

174

O que aconteceria com seu nível de tensão se você pensasse constantemente em enfrentar vários desafios em termos de "fazer a escalada do sucesso" em vez de "lutar para manter a cabeça acima da água"? Será que se sentiria diferente ao fazer um teste se falasse em "navegar" através dele, em vez de "abrir caminho a pauladas"? Será que sua percepção de tempo mudaria se você falasse que o tempo "voa" em vez de "se arrasta"? Pode apostar que sim!

Que metáforas você usa para descrever as coisas que faz todos os dias? Como elas fazem você se sentir? Que metáforas novas você poderia usar para ser mais eficaz e tornar a vida mais desfrutável?

175

As metáforas podem proporcionar esperança. Quando as coisas parecem ruins, as pessoas costumam pensar: "Isso vai durar para sempre." Em vez disso, passe para uma metáfora de que você tenha certeza. Por exemplo: "A vida tem suas estações, e só estou no inverno agora." Lembre-se, algumas pessoas congelam no inverno, outras, andam de esqui! E mais, o que sempre vem depois do inverno? A primavera! — assim como o dia vem depois da noite. O sol aparece, e você pode plantar novas sementes. Depois vem o verão e, finalmente, o outono, quando você colhe suas recompensas.

Algumas vezes, as coisas não acontecem exatamente como foram planejadas — mas se você confiar no ciclo das estações, saberá que a longo prazo colherá o que plantou.

176

Se você acha que alguma coisa está "puxando-o para trás" ou que há um "muro" bloqueando seu progresso, *veja as metáforas que está usando*. Frequentemente descobrirá que está usando uma metáfora que o impede de utilizar os recursos que já possui para as soluções. É difícil lidar com um muro ou com algo "invisível" que o puxa para trás.

Como foi você quem escolheu essa metáfora, pode facilmente *mudá-la*. Se achar que está "batendo com a cabeça na parede", por que não parar de bater e abrir um buraco nela? Ou pular por cima dela? Ou fazer um túnel por baixo? Ou simplesmente abrir a porta e passar? Ou ver o muro como um degrau? **Mudar sua metáfora modificará o modo como você lida com praticamente tudo.**

177

Para se lembrar do poder da persistência, pense na metáfora do trabalhador de pedreira. Como ele quebra uma pedra grande? Ele bate com a marreta com o máximo de força possível. O primeiro golpe, nem ao menos causa um arranhão, mas ele bate de novo — centenas, talvez milhares de vezes. Ele persiste, mesmo quando sua ação parece inútil. Mas ele sabe que **só porque não vê resultados imediatos não significa que não esteja fazendo progresso.** Por isso, continua golpeando a rocha. Em determinado momento ela não solta simplesmente uma lasca, mas se parte em duas. Será que foi o golpe final que partiu a pedra? Claro que não. Foi a pressão constante aplicada ao desafio apresentado.

Como você pode aplicar esta metáfora à sua vida, para persistir apaixonadamente?

178

Mudar uma metáfora global pode transformar imediatamente o modo como você vê toda a sua vida. Em um de meus seminários havia uma mulher que via problemas em tudo — a sala era quente demais; depois, fria demais; a pessoa sentada na frente dela era alta demais. **Muitas pessoas a viam como "um saco", mas sabendo que todo comportamento é impulsionado por uma crença, procurei a crença ou a metáfora que fazia com que ela deixasse todo mundo louco.** Finalmente descobri: "Pequenas infiltrações fazem o navio afundar." Se você achasse que qualquer coisa que não estivesse funcionando poria seu navio a pique, também não ficaria um tanto fanático?

Com uma nova metáfora global, ela deu uma virada e se tornou a palhaça da turma.

Qual de suas metáforas globais poderia fazer seu navio afundar?

179

Frequentemente as metáforas que usamos em determinado contexto, como o trabalho, são inadequadas para outro contexto, como o dos relacionamentos. Conheci um homem que era tão distanciado emocionalmente que sua família não sentia qualquer ligação com ele. Esse homem nunca expressava seus verdadeiros sentimentos e parecia estar sempre direcionando-os. Imagine qual era sua profissão: controlador de tráfego aéreo! A própria essência de seu trabalho era permanecer perfeitamente calmo e distanciado, mesmo numa emergência, para não alarmar os pilotos que ele estava coordenando. Apesar de essa atitude ser necessária na torre de controle, ela não funcionava em casa.

Algumas de suas metáforas precisam ser substituídas por outras mais compatíveis com sua situação? Você poderia ajudar algum amigo com esse conhecimento?

180

Descubra e assuma o controle de suas metáforas com o seguinte exercício:

1. Escreva algumas metáforas que você tem na vida. Reveja sua lista e pergunte: "Se a vida é assim, como eu me sinto a respeito?" Que vantagens e desvantagens são criadas por esta metáfora?

2. Faça uma lista de todas as metáforas que você liga a uma ou duas áreas importantes de sua vida, como, por exemplo, relacionamento e trabalho. Essas metáforas são fortalecedoras ou enfraquecedoras? O simples fato de ter consciência delas ajuda a mudá-las.

3. Crie metáforas novas e mais fortalecedoras para a vida e para cada uma das áreas que você focalizou.

4. Decida que vai viver com essas metáforas novas pelos próximos 30 dias, isto é, lembre-se constantemente ao que comparou o trabalho ou outra área de sua vida.

181

Algumas vezes, uma metáfora é o melhor meio de ajudar alguém.
Quando meu filho Josh tinha 6 anos, um de seus amigos morreu e ele chegou em casa chorando.

— Querido — falei —, sei como você se sente. Mas isso é porque você ainda é uma lagarta.

Isso quebrou seu padrão. Em seguida, expliquei que, quando uma lagarta se envolve no casulo, ela parece estar morrendo.

— Mas o que está acontecendo de verdade? — perguntei.

— Ela está se transformando em uma borboleta — disse ele.

— Isso mesmo, é o começo de uma vida nova. Você não vê seu amigo porque ele já está voando lá em cima, mais bonito e poderoso do que antes. Algumas vezes, temos de confiar que Deus sabe quando está na hora de virarmos borboletas...

PARTE 7

COMO USAR SEUS SINAIS DE AÇÃO

Emoções

"Sem emoção a escuridão não pode se transformar em luz e a apatia não pode se transformar em movimento."

— CARL JUNG

182

Você é a fonte de todas as suas emoções. A qualquer momento você pode criá-las ou modificá-las.

E por que não fazemos isso? Para a maioria de nós, sentir-se mal é "natural", e precisamos de um *motivo* para nos sentirmos bem. **Mas você não precisa de desculpa para sentir-se bem.** Você pode simplesmente decidir que vai se sentir bem *agora mesmo*, simplesmente porque está vivo, simplesmente porque quer. Não precisa esperar nada, nem ninguém!

183

Qual é a melhor maneira de lidar com emoções negativas? Há várias respostas comuns e ineficazes. Você pode *ignorar* suas emoções; claro que elas não irão embora. Você pode *suprimi-las;* mas elas simplesmente voltam, de outra maneira. Você pode *ceder* a elas e simplesmente sentir pena de si mesmo; mas isso não melhora nada. Pode tentar *competir*, dizendo: "Você acha que está mal? Eu estou ainda pior!"

Claro, a coisa mais inteligente é *transformá-las* enfrentando eficazmente a situação, procurando soluções e *aprendendo* com as emoções e *usando-as* para melhorar sua vida e a vida das pessoas que você tem o privilégio de conhecer.

184

Compreenda que todas as emoções são úteis. **As que você achava negativas são somente** *estímulos à ação.* Por exemplo, se está frustrado (e exploraremos isso mais detalhadamente depois), isso significa que você acha que as coisas poderiam ser melhores, e que não são. E esse é um estímulo à ação, dizendo que há algo que você deve fazer para melhorar agora. Essa emoção "negativa" é na verdade um presente, se usá-la de modo eficaz.

De agora em diante, quando pensar no que você costumava chamar de emoção negativa, pense nela como um estímulo à ação: um "sinal de ação".

185

Se você sente mágoa em alguma situação da vida, isso é o resultado do modo como vê as coisas — de sua *percepção* (foco) — ou o resultado do que está fazendo (sua abordagem atual, suas ações atuais). Podemos chamar isso de seus *procedimentos*.

Se você não gosta de como está se sentindo, **mude seu foco ou sua percepção, ou simplesmente mude o que está fazendo (seus procedimentos), e descobrirá uma diferença imediata em suas emoções.** Encontre novos meios de interagir com seu cônjuge ou de se comunicar com seu chefe — ou mude a percepção de que todos eles devam concordar com seu ponto de vista.

186

Sempre que sentir uma emoção dolorosa, há cinco passos que pode dar rapidamente para *aprender com esse* sinal de ação e *utilizá-lo:*

1. Identifique o que *realmente* está sentindo.
2. Reconheça e avalie suas emoções. Saiba que, em algum nível, elas o estão apoiando para fazer uma mudança positiva, chamando-o à ação.
3. Fique curioso! Perceba que essa emoção está lhe oferecendo uma mensagem para mudar alguma coisa. Você precisa mudar sua percepção ou os seus procedimentos?
4. **Confie que você pode lidar com essa emoção imediatamente porque já fez isso no passado.** Lembre-se de um momento em que lidou bem com essa emoção, e pense no que fez, para aprender o que fazer agora e no futuro.
5. **Fique empolgado e aja!**

187

Ficar "curioso" com suas emoções pode ser difícil quando você está no calor do momento. *Eis quatro perguntas para fazer a você mesmo, com o objetivo de aprender com seus sinais de ação e utilizá-los.*

1. Como eu quero realmente me sentir agora?
2. Em que eu teria de acreditar para me sentir do jeito que vinha me sentindo?
3. O que estou disposto a fazer para criar uma solução e lidar com isso agora mesmo?
4. O que posso aprender com isso?

188

Para obter confiança em sua capacidade de lidar com uma emoção negativa, lembre-se de um momento em que se sentiu de modo semelhante: **perceba que você já enfrentou com sucesso essa emoção antes.** Lembra-se de uma época em que se sentiu deprimido e conseguiu superar? Ou quando esteve frustrado ou arrasado e mesmo assim realinhou o foco e sentiu-se centrado?

Tenha como exemplo suas ações bem-sucedidas. O que você fez na época e deu certo? Mudou seu foco? Fez a si mesmo uma pergunta melhor? Interrompeu seu padrão, mudando a fisiologia, indo passear, voltando num estado mais equilibrado?

Se começar a sentir essa emoção de novo, use as mesmas estratégias que usou no passado para superá-la.

189

Ensaie mentalmente o enfrentamento de situações potencialmente difíceis no futuro, em que podem ser provocadas emoções negativas. **Veja, ouça e sinta-se lidando facilmente com a situação** até se condicionar a um sentimento de certeza de que você pode enfrentar qualquer coisa com confiança e força.

190

Minha filosofia é "matar o monstro enquanto ainda é pequeno". O melhor momento para enfrentar uma emoção "negativa" é aquele em que você começa a senti-la. É muito mais difícil interromper um padrão emocional quando ele estiver totalmente desenvolvido.

191

SINAL DE AÇÃO Nº 1

As emoções desconfortáveis como tédio, impaciência, inquietação, perturbação ou embaraço estão mandando uma mensagem de que algo não está totalmente certo: sua percepção da situação o está deixando desconfortável ou suas ações atuais não o estão apoiando em seu objetivo.

Solução:

1. Use as habilidades que aprendeu na Parte 2 deste livro para mudar imediatamente seu estado emocional.
2. Esclareça o que deseja sentir agora ou o que deseja realizar.
3. Mude ou aprimore suas ações. Use uma abordagem ligeiramente diferente para tentar mudar de imediato o modo como se sente com a situação, ou os resultados que está produzindo. Como todas as emoções que não são enfrentadas, os Sinais de Ação nº 1 crescerão tornando-se algo mais intenso, possivelmente um Sinal de Ação nº 2.

192

SINAL DE AÇÃO Nº 2

Se não enfrentamos as situações que estão nos deixando desconfortáveis, elas costumam se transformar em medo. As emoções de *medo,* apreensão, preocupação e ansiedade são apenas uma chamada à ação dizendo que você precisa estar mais preparado para o que está para acontecer.

Solução:

1. Pense na situação que lhe causa medo e decida que deve agora mesmo se preparar mental ou fisicamente.
2. Imagine as ações que precisa realizar para enfrentar a situação do modo mais eficaz possível.
3. Assim que estiver preparado, decida parar de se preocupar, depois, visualize-se enfrentando constantemente e com sucesso essa situação, até sentir uma confiança contínua.

193

SINAL DE AÇÃO Nº 3

O sinal de ação da mágoa resulta de um sentimento de perda. O sentimento de perda costuma ser ilusório.

Esse sinal de ação está nos chamando a **mudar nossa percepção ou a perceber que nossas expectativas podem ter sido inadequadas.**

Solução:

1. Perceba que você pode não ter "perdido" nada. Uma discussão não significa, necessariamente, que a pessoa não o ama mais.
2. Reavalie a situação perguntando: é possível que, por não ter alcançado minhas expectativas, eu tenha *ganhado* alguma outra coisa? Será que julguei a situação cedo demais ou com muita severidade?
3. Do modo mais elegante e adequado possível, comunique seu sentimento a quem você vê como fonte do mesmo: "Sei que você realmente se preocupa comigo. Pode esclarecer o que aconteceu?"

194

SINAL DE AÇÃO Nº 4

O sinal de ação da raiva, aborrecimento, ressentimento ou fúria é poderoso. Sua fonte são sentimentos de mágoa que não foram enfrentados. Esse sinal de ação nos diz que **um de nossos padrões ou regras importantes foi violado por nós mesmos ou por outra pessoa.**

Solução:

1. Perceba que você pode ter interpretado mal e que a pessoa que você acha que "quebrou as regras" pode nem saber disso.
2. Perceba que suas regras não são, necessariamente, as "corretas" (algumas vezes isso é difícil).
3. Interrompa a raiva perguntando a si mesmo coisas como: "A longo prazo, é verdade que essa pessoa se preocupa comigo? O que posso aprender com isso? Como comunicar a importância dos meus padrões?"

195

SINAL DE AÇÃO Nº 5

O sinal de ação da frustração significa que, apesar de sua atual falta de progresso, em algum nível você acredita que alguma coisa que está fazendo pode ser feita de modo melhor, que você poderia estar obtendo um resultado melhor. Esta é uma chamada à ação mandando **mudar sua abordagem porque você ainda pode alcançar o que deseja.**

Solução:

1. Seja flexível! Perceba que essa frustração é uma aliada e pense em novos meios de obter resultado.
2. Busque um modelo, alguém que encontrou um meio de conseguir o que você deseja, e aprenda com ele.
3. Torne-se fascinado com o que você poderia aprender para enfrentar esse desafio consumindo pouco tempo ou energia e criando felicidade.

196

SINAL DE AÇÃO Nº 6

O sinal de ação do desapontamento é o sentimento doloroso de estar por baixo, a partir da crença de que você vai perder alguma coisa para sempre. Esse sinal de ação pede que você **mude suas expectativas.**

Solução:

1. Veja o que pode aprender com a situação, ou mude as suas expectativas.
2. Estabeleça um objetivo novo, ainda mais estimulante, em direção ao qual você possa fazer progressos imediatos.
3. Perceba que você pode estar julgando muito cedo. Frequentemente as coisas que o deixam desapontado são apenas desafios temporários.
4. Tenha paciência. Reavalie o que você realmente deseja e comece a desenvolver um plano ainda mais eficaz para alcançá-lo.
5. Cultive uma atitude de expectativa positiva sobre o que acontecerá no futuro, independentemente do que já ocorreu no passado.

197

SINAL DE AÇÃO Nº 7

O *sinal de ação da culpa diz que* você violou um de seus padrões mais elevados, e que **deve fazer algo, imediatamente, para corrigir a situação e se impedir de violá-lo outra vez.** É assim que mantemos nossa integridade interna.

Solução:

1. Reconheça que você violou um de seus padrões básicos.
2. Comprometa-se a nunca mais repetir esse comportamento. Ensaie mental e emocionalmente o modo como enfrentará a mesma situação de novo, de modo coerente com seus padrões pessoais mais elevados.
3. Não se apegue à culpa. Agora que a utilizou para corrigir seu comportamento, abandone-a — faça a coisa certa! Censurar-se continuamente não ajuda ninguém a ficar melhor.

198

SINAL DE AÇÃO Nº 8

O sinal de ação da inadequação está dizendo que você não acredita que atualmente tem a informação, a compreensão, as estratégias ou a confiança necessária para a tarefa. É uma chamada a obter mais recursos.

Solução:

1. Talvez você tenha usado um critério injusto para avaliar seu desempenho. Pergunte-se: "É possível que eu realmente tenha capacidade de enfrentar isso, mas que minha percepção faça com que me sinta inadequado?"
2. Se realmente não tiver capacidade de lidar com a situação, avalie seus sentimentos de inadequação como um convite para melhorar.
3. Encontre um modelo que seja eficaz nessa área e aprenda algumas coisas simples que você pode fazer imediatamente para se tornar mais adequado ou eficaz.

199

SINAL DE AÇÃO Nº 9

Os sinais de ação de sobrecarga, pesar, depressão e desamparo ocorrem quando pensamos em tudo que nos aconteceu e que não podemos controlar. **Você deve dividir a situação em etapas simples.**

Solução:

1. Decida qual das coisas com que você está lidando é absolutamente essencial focalizar.
2. Priorize os passos mais importantes para progredir nessa área, obtendo assim um sentimento de controle.
3. Ataque imediatamente o primeiro item de sua lista.
4. Ao enfrentar emoções avassaladoras como o pesar, focalize o que você *pode* controlar. Perceba que deve haver algum significado fortalecedor nisso. Lembre-se: tudo na vida acontece com um motivo e um propósito, e esse motivo lhe será favorável.

200

SINAL DE AÇÃO Nº 10

O sinal de ação da solidão diz que você precisa de um contato com pessoas, que você realmente se importa e gosta de estar com elas. É um chamado para **estender a mão e fazer contato.**

Solução:

1. Perceba que você pode estender a mão e fazer contato *imediatamente.* As pessoas que importam estão em toda parte.
2. Identifique de que tipo de contato você necessita: simples amizade? Amor? Um ouvido simpático?
3. Aja imediatamente para estender a mão e se aproximar de alguém.

201

Como você pode garantir que sempre terá os Sinais de Ação diante de você para ajudá-lo a romper padrões imobilizantes? Escreva-os em um cartão de 10 × 15 cm que você possa levar a qualquer lugar. Quando ocorrer uma situação perturbadora, focalize o significado da emoção que realmente o tomou e a ação que você pode realizar para utilizá-la. Cole um desses cartões no painel de seu carro, de modo a poder revisá-lo durante o dia — especialmente se ficar preso no trânsito!

Em seguida vamos aprender as Dez Emoções de Poder que você pode utilizar imediatamente para substituir qualquer padrão negativo.

202

EMOÇÃO DE PODER Nº 1

Cultive as emoções de amor e ternura. Uma maravilhosa crença a adotar vem do livro *Um curso em milagres:* **Toda comunicação é uma reação de amor ou um grito de socorro.** Se alguém se aproxima de você num estado de mágoa ou raiva, e você constantemente reage com amor e ternura, finalmente o estado dessa pessoa mudará e sua intensidade vai se dissipar.

203

EMOÇÃO DE PODER Nº 2

Cultive o apreço e a gratidão. Elas estão entre as emoções mais espirituais que podemos ter e melhoram nossa vida mais do que qualquer outra coisa que eu conheço. **Viva com uma atitude de gratidão!**

204

EMOÇÃO DE PODER Nº 3

Cultive a curiosidade. Se você realmente quer crescer na vida, aprenda a ser inquiridor como uma criança. As pessoas curiosas nunca ficam chateadas, e para elas a vida se transforma em um infinito estudo da alegria.

205

EMOÇÃO DE PODER Nº 4

Cultive os sentimentos de empolgação e paixão. Eles podem transformar qualquer desafio em uma tremenda oportunidade, dando-nos o poder de levar nossa vida para a frente em um ritmo mais rápido do que nunca. **Acenda sua paixão** usando a fisiologia: fale mais rapidamente, visualize imagens mais depressa e mova seu corpo na direção para onde quer ir.

206

EMOÇÃO DE PODER Nº 5

A determinação faz a diferença entre ficar imobilizado e perceber o **poder iluminador do empenho!** Meramente "forçar-se" não adianta; o jeito é colocar-se numa postura de determinação.

207

EMOÇÃO DE PODER Nº 6

Adote uma atitude de flexibilidade. Se há uma emoção a cultivar com o objetivo de garantir o sucesso, é a capacidade de mudar de abordagem. Na verdade, **todos os sinais de ação são simplesmente mensagens para ser mais flexível!** Durante toda a sua vida existirão situações que você não poderá controlar. Sua capacidade de ser flexível em suas regras, o significado que você dá às coisas e suas ações determinarão o sucesso ou o fracasso a longo prazo, sem mencionar seu nível de satisfação pessoal.

208

EMOÇÃO DE PODER Nº 7

Experimente constantemente a confiança. Se você já fez algo de forma bem-sucedida, pode fazê-la de novo. E mais, pelo poder da fé, você pode se manter confiante até em ambientes e situações que nunca encontrou antes. **Imagine e tenha certeza das emoções que você merece ter,** em vez de esperar que elas apareçam espontaneamente algum dia, num futuro distante.

209

EMOÇÃO DE PODER Nº 8

A alegria aumenta sua autoestima, torna a vida mais divertida e faz com que as pessoas ao seu redor fiquem também mais felizes. Ser alegre não significa que você seja uma Pollyana, ou que olhe o mundo com óculos cor-de-rosa e se recuse a perceber os desafios. Significa que **você é incrivelmente inteligente, porque sabe que, se viver num estado de prazer e expectativa positiva — um estado tão intenso que transmita a sensação de alegria às pessoas ao redor —, você pode ter o impacto de enfrentar qualquer desafio que apareça.**

210

EMOÇÃO DE PODER Nº 9

É fundamental alimentar sua vitalidade; se você não cuida de sua saúde, fica mais difícil poder desfrutar de suas emoções. Contrariamente à crença popular, ficar parado não preserva a energia. O sistema nervoso humano precisa se movimentar para ter energia. À medida que você se mexe, o oxigênio flui através do sistema nervoso e o bem-estar físico cria a sensação emocional de vitalidade necessária para transformar desafios em oportunidades.

211

EMOÇÃO DE PODER Nº 10

Não conheço emoção mais rica do que o sentimento de contribuição: o maior presente da vida é a sensação de que seu jeito de ser, o modo como vive, suas palavras ou ações tocaram outras pessoas de modo profundo e significativo. *O segredo de viver é doar.*

212

Durante os próximos dias, sempre que sentir uma emoção enfraquecedora, lembre-se de ouvir as mensagens desse sinal de ação. *Use as Dez Emoções de Poder como antídotos, à medida que empregar a solução inerente a cada emoção "negativa".*

PARTE 8

O DESAFIO MENTAL DE DEZ DIAS

O desafio mental e o sistema central de avaliação

"Depois de ser expandida com uma nova ideia, a mente humana jamais retorna às suas dimensões originais."

— OLIVER WENDELL HOLMES

213

A marca do verdadeiro campeão é a consistência. Afinal de contas, quem deseja ter bons resultados só de vez em quando? Quem quer se sentir feliz somente por um momento, ou atingir o máximo de seu desempenho apenas esporadicamente? Queremos experimentar *constantemente* todas as emoções que fazem a vida valer a pena.

Então, como você estabelece a consistência? Tudo se baseia em nossos hábitos. **Não basta saber o que fazer; você precisa fazer o que sabe.**

214

O mesmo tipo de pensamento que nos trouxe até aqui não vai nos levar até onde queremos ir. A mudança é nosso maior aliado, e, no entanto, muitos indivíduos, muitas corporações e comunidades resistem a ela, justificando suas estratégias atuais com o sucesso que desfrutam agora. Porém, pode ser necessária uma abordagem completamente diferente para produzir um mais alto nível de sucesso pessoal e profissional.

215

Você compraria uma Ferrari nova só para deixá-la na garagem? Você compraria o computador mais moderno só para deixá-lo trancado em um armário?

Tenho certeza de que sua resposta seria um sonoro "Não!". Do mesmo modo, você leria este livro e deixaria de usar as poderosas ferramentas que ele contém? Imagino que não. É por isso que, nesta parte, apresento um plano simples para interromper seus padrões antigos de pensamento, sentimento e comportamento, e mostro como pôr imediatamente em prática algumas das estratégias novas e fortalecedoras que você já aprendeu. **Garanto que, se você seguir este plano ao pé da letra, poderá tornar seus novos padrões emocionais absolutamente consistentes!**

216

É verdade: nós não podemos controlar o vento, a chuva e outras variações climáticas. Entretanto podemos direcionar nossas velas para seguir no curso que queremos.

217

Toda pessoa bem-sucedida que conheço tem a capacidade de permanecer centrada, com clareza e força no meio de tempestades "emocionais". Como conseguem isso? Descobri que a maioria desses indivíduos tem uma regra fundamental: **nunca dedicar mais de 10 por cento de seu tempo ao problema, e sempre gastar pelo menos 90 por cento de seu tempo com a solução.**

218

Como você pode assumir o controle imediato de seus padrões emocionais e mentais? Você está para descobrir uma das estratégias mais eficazes já imaginadas, uma mistura de realismo e otimismo. Antigamente, pensar de modo positivo não ocupava um lugar proeminente na minha lista de soluções. Eu achava que estava sendo inteligente ao me recusar a ver a realidade de forma melhor do que ela era.

Na verdade, a vida é o equilíbrio. Se nos recusarmos a ver as ervas daninhas que se enraízam em nosso jardim, nossas ilusões vão nos destruir. No entanto, é igualmente destrutivo perceber o jardim como um lugar devastado. O caminho dos líderes é o caminho do equilíbrio.

1. Veja a situação como ela é (não a veja pior do que é).
2. Veja-a melhor do que ela é.
3. Faça com que ela seja do jeito que você a vê!

219

O passo mais importante para livrar de ervas daninhas o jardim de nossa mente é interromper os padrões limitadores. E o melhor modo de conseguir isso é fazer o Desafio Mental de Dez Dias, assumindo o controle consciente de nossos pensamentos. **Esse processo é uma oportunidade esplêndida de eliminar padrões negativos e destrutivos.**

De modo bastante simples, o desafio é o seguinte: *Durante os próximos dez dias, começando imediatamente, comprometa-se a assumir o controle total de suas faculdades mentais e emocionais.* Decida agora mesmo que não vai ceder a qualquer pensamento ou emoção infrutífera durante *dez dias consecutivos.*

220

O DESAFIO MENTAL DE DEZ DIAS

Bem-vindo a dez dias diferentes de todos os que você já viveu! Aqui estão as regras do jogo:

1) Durante os próximos dez dias *consecutivos* recuse-se a ceder a qualquer pensamento ou sentimento infrutífero. Recuse-se a ceder a qualquer pergunta enfraquecedora, ao vocabulário ou às metáforas desvitalizantes.
2) Quando você se pegar começando a focalizar algo negativo, use qualquer uma das técnicas que aprendeu para redirecionar seu foco imediatamente, começando com as Perguntas Solucionadoras de Problemas como sua primeira linha de ataque.
3) Prepare-se para o sucesso a cada manhã dos próximos dez dias usando as Perguntas Fortalecedoras da Manhã.

221

O DESAFIO MENTAL DE DEZ DIAS
(Continuação)

4) Durante os próximos dez dias *consecutivos* certifique-se de que todo o seu foco está nas soluções, e não nos problemas. No momento em que perceber um possível desafio, focalize uma possível solução.

5) Se se pegar cedendo a um sentimento ou pensamento improdutivo, não desista — desde que você mude instantaneamente o seu estado. No entanto, *se continuar a ceder a pensamentos ou sentimentos improdutivos*, você deve esperar até a manhã seguinte *e começar os dez dias de novo*, independentemente de quantos dias seguidos já tenha completado.

222

Está pronto para assumir uma nova abordagem da vida? Não comece esse compromisso de dez dias antes de estar certo de que persistirá durante toda a sua duração. **Esse não é um desafio para pessoas fracas.** É somente para as pessoas verdadeiramente dedicadas a condicionar seus sistemas nervosos a padrões novos e fortalecedores, que podem levá-las a níveis mais elevados de sucesso. É para quem queira transformar tudo que aprendeu intelectualmente — NAC, perguntas, Vocabulário Transformacional, metáforas, mudança de foco e de fisiologia — numa parte de sua experiência cotidiana.

223

Como você pode obter uma alavanca adicional para garantir que vai manter o Desafio Mental de Dez Dias? **Anuncie aos amigos, à família e aos sócios o que você está fazendo, e peça o apoio deles para permanecer na linha.** Ou, melhor ainda, encontre um parceiro que queira fazer com você o Desafio Mental de Dez Dias.

Também é uma excelente ideia manter um diário durante o tempo do desafio. Ao registrar como você enfrentou com sucesso os padrões limitadores, você criará um mapa valioso que pode ser revisto no futuro, sempre que chegar a um desvio.

224

Há alguns anos eu me fixei num hábito que se transformou em um dos mais valiosos de minha vida: ler pelo menos 30 minutos por dia. Jim Rohn, um dos meus professores, me disse que ler alguma coisa substanciosa, alguma coisa de valor, alguma coisa estimulante, algo que ensinasse novos caminhos, era mais importante do que comer. "Perca uma refeição", dizia ele, "mas não perca a sua leitura."

Assim, enquanto realiza o Desafio Mental de Dez Dias e limpa seu sistema, alimente-o com material de leitura que lhe dê ideias e estratégias para guiá-lo no novo estilo de vida que escolheu. Lembre-se: **os líderes são grandes leitores.**

225

O que o Desafio Mental de Dez Dias fará por você?

1. Vai deixá-lo agudamente cônscio de todos os padrões habituais que o puxam para trás.
2. Vai forçá-lo a encontrar alternativas fortalecedoras.
3. Vai lhe dar uma incrível dose de confiança todas as vezes em que você assumir o controle de seus processos mentais para virar a situação.
4. Mais importante, ele vai ajudá-lo a criar novos hábitos, novos padrões e expectativas, que o levarão a uma experiência de vida mais rica.

O sucesso é uma corrente; resulta de uma série de pequenos atos de autocontrole. Como um trem pegando velocidade, este exercício de deixar para trás os padrões antigos e de obter padrões novos vai lhe dar um ímpeto sem precedentes.

226

Isto é somente um exercício de dez dias? Na verdade, não. **Você não precisa mais voltar aos seus padrões negativos, se não quiser.** Essa é sua oportunidade de se "viciar" num foco positivo para o resto da vida.

Se, depois de banir seus padrões mentais tóxicos durante dez dias, você desejar voltar, esteja à vontade. Mas aposto que, assim que você se conscientizar das possibilidades, voltar será uma coisa desagradável. Lembre--se de que, se você sair da linha, saberá como usar uma quantidade de instrumentos para voltar à estrada principal — imediatamente.

227

Uma das coisas que mais amo é a oportunidade de revelar o mistério do comportamento humano e oferecer soluções que realmente melhorem a qualidade da vida das pessoas. Sondando abaixo da superfície, localizo pontos de alavancamento — crenças globais, metáforas etc. — que facilitem a mudança. A cada dia vivo o papel de Sherlock Holmes, juntando as peças do quebra-cabeça do passado singular de cada pessoa.

Apesar de haver pistas para o comportamento humano tão evidentes quanto um revólver soltando fumaça, algumas vezes as pistas são mais sutis e exigem investigações para serem descobertas. No fim das contas tudo se resume a elementos-chave específicos. A diferença entre as pessoas é o modo como elas raciocinam. **Chamo de Sistema Central de Avaliação o modo como elas decidem o significado das coisas e o que devem fazer.**

228

A importância de compreender o comportamento humano é mais bem-
-demonstrada com uma metáfora. Imagine um homem parado à margem
de um rio. Subitamente, ele ouve um grito de socorro e vê alguém se
afogando. Por isso, mergulha na água e salva aquela pessoa. Enquanto
recupera o fôlego, ouve mais gritos e pula de novo no rio, dessa vez res-
gatando duas pessoas. Antes mesmo de ter chance de se recuperar, ouve
mais gritos pedindo ajuda.

Ele passa o resto do dia tirando das águas revoltas uma pessoa depois
da outra. Se tivesse andado só um pouquinho rio acima, poderia ter descoberto quem estava jogando todas aquelas pessoas na água!

Que esforços você poderia economizar atacando a *causa* dos problemas
e não o *efeito*?

229

Assim que você compreende o Sistema Central de Avaliação, fica mais bem-equipado para influenciar seu comportamento e o dos outros. Há uma ciência clara no modo como você avalia os problemas e as oportunidades de sua vida. Compreender os componentes de seu sistema decisório pode ajudá-lo não somente a compreender seu comportamento, mas também a antecipar as coisas a que você será atraído e pelas quais será repelido. Como verá, há cinco componentes que determinam como você avalia todas as coisas — desde o que você deve comer no jantar até se deve se casar ou não.

Cada um de nós tem uma combinação especial desses componentes, e isso é que faz com que nossas vidas também sejam especiais.

230

Ao enfrentar problemas de relacionamento, não seria fantástico compreender o comportamento das pessoas de modo que se possa refazer o contato com elas imediatamente? Num casamento é especialmente importante enxergar através das tensões cotidianas para que você possa alimentar o elo que fez com que os dois se unissem. Se o seu cônjuge está sentindo a pressão do trabalho e demonstra frustração, não significa que o casamento acabou. Indica que você precisa estar mais atento e focalizar o apoio à pessoa amada. Você não julgaria a bolsa de valores somente no dia em que ela baixou 30 pontos; do mesmo modo, você não pode julgar o caráter de uma pessoa somente a partir de um incidente isolado. **As pessoas não são o comportamento que apresentam.** Compreenda o que as impulsiona e realmente as conhecerá.

231

Se há algo que aprendi ao procurar as crenças profundas e as estratégias dos líderes atuais, é que as avaliações superiores criam uma vida superior. Por exemplo, as pessoas bem-sucedidas financeiramente têm melhores meios de avaliar os riscos e as recompensas das oportunidades. Ainda que todo mundo possa ter acesso praticamente às mesmas informações, é o sistema central dos financistas que decide o que as coisas significam e o que eles devem fazer para aproveitá-las. As pessoas que têm relacionamentos duradouros avaliam melhor como reagir ao cônjuge em uma situação desgastante. As pessoas mais felizes têm um modo mais eficaz de avaliar os "problemas" da vida. A boa-nova é que você pode economizar anos de dor aproveitando as estratégias das pessoas que já são bem-sucedidas.

232

Se não assumirmos o controle de nossos procedimentos de avaliação, eles podem nos levar a questionar nossas capacidades. Imagine-se jogando tênis e sacando mal. Frequentemente as pessoas começam a generalizar de modo enfraquecedor: "Que saque terrível!" se transforma em "Hoje eu não conseguiria jogar bem nem mesmo para salvar a vida". Não seja apanhado nesse ciclo autodestrutivo!

Agora mesmo, identifique pelo menos um incidente em que você pode ter exagerado negativamente. Fez isso com seus relacionamentos, com seu desempenho profissional, com suas capacidades físicas? Decida agora mesmo interromper esse padrão. Na próxima vez que começar com isso, grite: "Apagar!" E focalize o que você quer conseguir. Perceba a mudança imediata que isso produz.

233

Um denominador comum entre as pessoas bem-sucedidas é que elas fazem continuamente avaliações de qualidade. O grande jogador de hóquei Wayne Gretzky não é exceção. Será que ele é o maior, o mais forte, o mais veloz jogador da liga? Segundo ele mesmo, a resposta é não.

Quando perguntei o que o torna tão eficaz, ele disse que, enquanto a maioria dos jogadores vai em direção ao disco, ele vai *para onde o disco está indo*. Sua capacidade de antecipar — de avaliar a velocidade e a direção do disco, as estratégias e o ímpeto dos outros jogadores — permite que ele se coloque na melhor posição para marcar pontos.

Você pode ver a imensa diferença que faria se aplicasse um pouquinho de previsão a uma situação que enfrenta agora mesmo?

234

Houve ocasiões em que alguém disse alguma coisa que fez você chorar, ainda que o mesmo comentário em outra ocasião pudesse ter feito você rir? Provavelmente a diferença poderia ser imputada ao estado em que você estava. Seu estado mental/emocional é o primeiro elemento de seu Sistema Central de Avaliação.

Se você está em um estado de confiança e expectativa positiva, suas decisões serão diferentes daquelas que tomaria se estivesse se sentindo vulnerável e temeroso. Ainda que faça sentido ser cauteloso em algumas situações, em outras isso pode atravancá-lo. Ao decidir o significado dos acontecimentos e o que fazer, certifique-se de se entrar em um estado pleno de iniciativa e não em um modo de sobrevivência em piloto automático.

235

As perguntas são os blocos de construção do seu Sistema Central. Antes de fazer qualquer coisa, você deve avaliar: "O que isso significa e o que eu devo fazer para evitar dor e/ou obter prazer?"

O fato de você agir ou não é fortemente influenciado pelas perguntas específicas que faz a si mesmo. Se está marcando um encontro com alguém, você costuma sofrer pensando: "E se essa pessoa me rejeitar ou ficar ofendida com minha abordagem?" Nesse caso, você, provavelmente, vai passar por uma série de avaliações que o farão deixar a oportunidade passar. No entanto, se você faz perguntas como: "Não será fantástico conhecer essa pessoa? O quanto vou me divertir me ligando a essa pessoa?" Estas perguntas, certamente, vão fazê-lo aproveitar o momento!

236

Todos nós queremos sentir mais prazer e menos dor, mas aprendemos diferentes lições sobre o que levará a isso. **Como resultado, cada um de nós aprendeu a *valorizar* algumas emoções acima de outras.** Por exemplo, para algumas pessoas a suprema ideia de prazer é a segurança, enquanto para outras é a aventura. Sua hierarquia de valores, o terceiro elemento do Sistema Central, é meramente uma lista dos estados que você acredita que sejam mais importantes para serem experimentados (produzem prazer) e mais importantes para serem evitados (produzem dor). Todas as suas decisões são impulsionadas pelo desejo inconsciente de alcançar valores de prazer e evitar os seus valores de dor. Por exemplo: se você valoriza o amor, mas quer evitar o conflito a todo custo, será que isso afeta o nível de honestidade em um relacionamento pessoal?

237

O quarto elemento de seu Sistema Central são as suas crenças. As crenças globais determinam suas expectativas com relação a si mesmo, às outras pessoas e à vida em geral; frequentemente elas controlam até o que você está disposto a avaliar. Uma categoria especial de crenças são as regras; elas determinam o que deve acontecer para que você sinta que seus valores foram alcançados. Por exemplo, algumas pessoas acreditam que "se você me ama, nunca deve elevar a voz". Esta regra fará com que a pessoa avalie uma voz mais elevada como evidência de que não há amor no relacionamento, mesmo que isso não tenha qualquer fundamento.

Você pode pensar em uma regra ou em outra crença que tem sobre os relacionamentos? Isso o ajudou ou atrapalhou?

238

Como construímos as crenças? O quinto elemento de seu Sistema Central são suas *referências* — a quantidade de experiências e informações guardadas no gigantesco armário chamado de cérebro. Essa é a matéria-prima que você usa para construir as crenças que guiam suas decisões. **Você tem experiências (referências) ilimitadas para usar;** aquelas que você escolher determinarão o significado que você retira de uma experiência, o modo como se sente com ela, e o que fará.

Um exemplo da importância das referências: você pode ver como faria diferença se tivesse crescido com o sentimento de que estavam sempre se aproveitando de você, em vez de se sentir incondicionalmente amado? Ou a diferença de ter sido disciplinado, em oposição a mimado? Como isso afetaria o modo como você aprendeu a avaliar a vida, as pessoas ou as oportunidades?

239

Para estimular suas ideias sobre o modo de funcionamento do Sistema Central, *deixe-me fazer uma pergunta: Qual é a sua lembrança preferida?* Ao responder a isso, o que você fez? Provavelmente, o primeiro passo foi repetir a *pergunta*. Depois, provavelmente, procurou as *referências*, revisando as miríades de experiências de sua vida, antes de escolher uma.

Mas talvez você tenha se recusado a escolher uma porque tem a *crença* de que todas as experiências são importantes, ou que escolher uma poderia denegrir as outras. Talvez você tivesse dificuldade de lembrar qualquer coisa, preferida ou não, porque os sentimentos que associa a "viver no passado" são *valores* que você evita.

Vê como o Sistema Central determina não somente o que e como você avalia, mas também o que está disposto a avaliar?

240

O que é responsável pela supremacia? Invariavelmente, as pessoas que dominam uma situação são as que têm mais referência do que as outras sobre o que leva ao sucesso ou à frustração em determinada área. Cada dia apresenta uma nova oportunidade de aproveitar novas referências que podem nos ajudar a melhorar nossas crenças, refinar nossos valores, fazer novas perguntas e obter acesso aos estados que nos levem na direção desejada.

241

Você pode fazer imediatamente mudanças globais que afetem, ao mesmo tempo, como você pensa, sente e age em múltiplas áreas de sua vida. Como? Simplesmente mudando um dos cinco elementos de seu Sistema Central.

Por exemplo, em vez de simplesmente se condicionar a sentir-se diferente com relação à rejeição, você poderia adotar uma nova *crença* global como "Eu sou a fonte de todas as minhas emoções. Nada nem ninguém pode mudar o modo como me sinto, a não ser eu mesmo. Se eu me apanhar reagindo a algo, posso mudar isso num momento". Consegue ver como essa crença poderia eliminar não somente seu medo da rejeição, como, também, seus sentimentos de raiva, frustração ou inadequação? Subitamente, **você se torna senhor do seu destino.**

242

Outro modo de superar instantaneamente sentimentos de rejeição ou inadequação é mudar sua hierarquia de *valores*, colocando a contribuição ou a gratidão, por exemplo, no topo. Então, se alguém o rejeitar, isso não terá importância: em vez de focalizar o que percebeu como insuficiência, você se concentrará no que ainda pode contribuir para ajudar a pessoa ou para melhorar a situação de algum modo. Ou vai se sentir tão agradecido pela vida que nenhuma quantidade de rejeição poderá afetá-lo. Essas emoções farão com que você se sinta permeado de um sentimento sem precedentes de alegria e conexão.

Simplesmente mudando *qualquer* dos cinco elementos de seu Sistema Central de Avaliação você pode transformar, instantaneamente, qualquer área de sua vida.

243

Você já teve dificuldade de manter um compromisso simples como o de fazer *ginástica*? Provavelmente, você o transformou em uma coisa muito complexa, focalizando as *dezenas* de ações isoladas que deve fazer. Talvez pense: "É muito complicado para dar certo." Você precisa ir até a academia, estacionar, entrar, encontrar um armário, mudar de roupa, se exercitar, tomar banho etc.

Mas quando pensa em coisas fáceis você as "agrupa" de modo diferente. Quer comer? Claro que sim! Quer ir à praia? Num instante! O que precisa ser feito? Só entrar no carro e ir!

A diferença não está nas tarefas, e sim no modo como você as avalia. Mude suas avaliações e imediatamente você mudará a sua vida.

PARTE 9

SUA BÚSSOLA PESSOAL

Valores e regras

"Nada de esplêndido jamais foi realizado, exceto por aqueles que ousaram acreditar que algo dentro deles era superior às circunstâncias."

— BRUCE BARTON

244

Se quisermos a realização mais profunda só poderemos alcançá-la de um modo: decidindo o que mais desejamos na vida — quais são nossos maiores *valores* — e, em seguida, nos comprometendo a viver cada dia de acordo com essa decisão.

245

Quais são as pessoas mais admiradas em nossa cultura? Não são aquelas que têm sólido apego aos seus valores? Pessoas que não somente professam seus padrões, mas que *vivem* de acordo com eles? **Todos nós respeitamos homens e mulheres que assumem uma postura de acordo com aquilo em que acreditam, mesmo que não concordemos com suas ideias sobre o que está certo ou errado.** Há uma força inegável nos indivíduos que levam uma vida em que suas filosofias e suas ações são congruentes.

Transforme a congruência em seu objetivo: há alguma coisa que você faça atualmente e que não esteja de acordo com o que você acha certo? Aja imediatamente para retificar isso. Depois pense em um valor ou em um princípio segundo o qual você vive absolutamente, e em como isso melhorou sua vida.

246

No filme *O Preço do Desafio (Stand and Deliver)*, o professor Jaime Escalante demonstra vigorosamente o **poder das pessoas que têm clareza absoluta sobre o que mais valorizam, sobre o que é mais importante para elas.** Sua paixão pelo aprendizado era transmitida aos alunos não por uma técnica de ensino, mas por sua demonstração viva do que era possível. Ele ensinava a uma geração considerada "perdida" não somente a passar em uma prova de cálculo (algo que eles tinham certeza de que não poderiam fazer), mas também para o modo de avaliar uns aos outros, sua herança latina e o poder que o ensino tem de elevar para sempre a qualidade de suas vidas. Seu compromisso absoluto com um conjunto de padrões mais elevados transformou a vida daqueles jovens.

O que você poderia realizar se estivesse absolutamente focalizado no que mais valoriza na vida?

247

Se o amor, o sucesso ou a integridade são importantes para você, então eles fazem parte de seu sistema de valores. Um *valor é* um estado emocional que você acha muito importante experimentar (por causa do prazer que acredita que ele trará) ou evitar (por causa da dor que você associa ao mesmo).

Todas as nossas decisões são impulsionadas por essas crenças: como determinada ação nos ajuda a ir em direção a um valor prazeroso? Será que vai nos ajudar a evitar ou a nos afastar de um valor doloroso?

Qual é uma das emoções prazerosas mais importantes que você valoriza e qual é uma das emoções dolorosas que você faz quase tudo para evitar?

248

Os valores prazerosos são conhecidos como valores atraentes; incluem emoções como amor, alegria, liberdade, segurança, paixão e paz interior. Valores dolorosos (rejeição, depressão, solidão, por exemplo) são conhecidos como valores repelentes. Quando tomamos decisões, consideramos se esses estados de prazer ou de dor serão uma consequência de nossas ações.

Nos próximos dias você começará a elucidar não somente os estados emocionais que impulsionam todas as suas decisões, mas também sua ordem de importância. Por exemplo, você pode valorizar a segurança e a aventura. Determinar qual das duas coisas é mais importante o ajudará a tomar decisões mais compatíveis com o que lhe trará felicidade duradoura.

249

Além de valores "atraentes" e "repelentes", há duas outras categorias de valores: os *fins* e os *meios*.

Por exemplo, você pode dizer que valoriza seu carro, mas ele é simplesmente um meio para um fim. Por outro lado, **o *fim* que você busca é um estado emocional**, como a empolgação, o prestígio ou a segurança.

Lembre-se, o desejo de chegar aos nossos fins é a força impulsionadora que há por trás de toda decisão. Infelizmente as pessoas costumam decidir a partir do desejo de alcançar seus meios (objetivos) e deixam de alcançar o mais importante: os fins (as necessidades emocionais de sua vida).

250

Você já disse "Eu realmente quero um relacionamento", em seguida encontrou um e depois de algum tempo percebeu que "não quero um relacionamento"? O motivo é que o relacionamento era somente um meio para alcançar um fim. O que você realmente queria é o que *pensava* que o relacionamento iria lhe dar: o valor-fim que é o amor, o companheirismo ou a intimidade. Os relacionamentos não levam automaticamente a esses valores mais importantes. Você deve saber que esses são os seus *verdadeiros objetivos* e interagir constantemente com eles em sua mente.

Lembre-se: você pode alcançar os meios na vida (dinheiro, posição, títulos, filhos, relacionamentos) e mesmo assim continuar infeliz. **A não ser que você viva constantemente com os seus fins mais profundos, vai conseguir coisas, mas continuará sentindo falta da realização que verdadeiramente merece.**

251

Apesar de haver muitos estados emocionais que consideramos valores pessoais, prezamos alguns acima de outros. Aqueles que fazemos o máximo para alcançar podem ser chamados valores *atraentes*, como amor, sucesso, liberdade, intimidade, segurança, aventura, poder, paixão, conforto e saúde.

Assim que tenha identificado os seus valores, você pode ir mais fundo e descobrir uma hierarquia deles. Dos exemplos citados acima, quais você julga mais importantes?

Dedique um momento agora para classificá-los de 1 a 10, sendo 1 o estado emocional que você mais valoriza.

VALOR	CLASSIFICAÇÃO	VALOR	CLASSIFICAÇÃO
Amor		Aventura	
Sucesso		Poder	
Liberdade		Paixão	
Intimidade		Conforto	
Segurança		Saúde	

252

Assim como os valores atraentes, **temos uma hierarquia de estados que desejamos evitar ao máximo.** Alguns dos valores mais *repelentes* são a rejeição, a raiva, a frustração, a solidão, a depressão, o fracasso, a humilhação e a culpa.

Classifique esses exemplos de 1 a 8, sendo 1 o estado emocional que você se empenharia mais em evitar.

VALOR	CLASSIFICAÇÃO	VALOR	CLASSIFICAÇÃO
Rejeição		Depressão	
Raiva		Fracasso	
Frustração		Humilhação	
Solidão		Culpa	

253

Se eu o convidasse a pular de paraquedas, você iria? Dependeria, entre outras coisas, da sua hierarquia de valores. Por exemplo, se seu principal valor atraente for a segurança e seu principal valor repelente for o medo (significando que você faria o máximo para evitá-lo), você, provavelmente, não irá!

No entanto, o que faria se seu principal valor repelente for a *rejeição* e você pensar que seus amigos vão abandoná-lo se você não for? Como as pessoas se esforçam mais para evitar a dor do que para obter prazer, sua necessidade de evitar a rejeição pode superar seu apego à segurança.

Você já se sentiu empurrado por um valor ao mesmo tempo em que era puxado por outro? **Tomar decisões é uma questão de entender melhor seus valores.**

254

Um dos motivos mais importantes para clarear sua hierarquia de valores é descobrir qualquer *conflito de valores* que possa estar segurando-o. Por exemplo, se o *sucesso é* seu principal valor atraente, e a *rejeição* for seu principal valor repelente, você vê como esses dois impulsos possam entrar em conflito? **Tentar alcançar o prazer do sucesso sem arriscar a dor da rejeição nunca funciona.** Na verdade, você, provavelmente, sabotaria seu sucesso antes de ir muito longe, porque o medo da rejeição iria impedi-lo de assumir os riscos necessários para alcançar qualquer nível significativo de sucesso.

A solução, que é descrita nas próximas páginas deste livro, é um processo em duas etapas: de percepção e de decisão consciente.

255

ETAPA 1A: PERCEPÇÃO DE VALORES

Tudo que você precisa fazer para descobrir seus valores atraentes é fazer-se uma pergunta: *O que é mais importante em minha vida?* Pense nas respostas tendo em mente que você quer descobrir seus *fins*, os estados emocionais que mais deseja sentir.

Depois de fazer sua lista, coloque-a em ordem de importância (nº 1 para o estado que você mais valoriza, nº 2 para o próximo em importância etc.).

256

ETAPA 1B: PERCEPÇÃO DE VALORES

Para descobrir seus valores repelentes, pergunte-se: *"Que emoções são mais importantes de serem evitadas? Que sentimentos eu faria quase qualquer coisa para evitar?"* Pense nas respostas.

Depois de fazer a lista, coloque-a em ordem de importância (nº 1 para o estado que você mais evita sentir, nº 2 para o próximo mais repelente etc.).

257

ETAPA 2: TOMANDO DECISÕES CONSCIENTES

Ao listar seus valores atuais, você descobriu que prioridades foram condicionadas em sua vida e o sistema de dor e prazer que a está dirigindo. Mas se deseja assumir papel ativo no projeto de sua vida — começando desde o início, caso seja necessário —, você deve tomar algumas decisões novas hoje mesmo.

Faça a si mesmo as perguntas:

1. Quais *devem ser* os meus valores para tornar meu destino mais elevado, para que eu seja a melhor pessoa possível, a maior influência durante minha vida?
2. Que outros valores eu *preciso acrescentar* à minha lista de prioridades?

258

O que você realizou criando uma nova lista de valores? Não é somente um bocado de palavras em um pedaço de papel? A resposta é sim — se você não se *condicionar* a usá-las como uma nova bússola de vida. No entanto, se fizer isso, **seus valores vão ajudá-lo a atravessar mares pacíficos e tempestades furiosas, permitindo que você mantenha o rumo que escolheu para seu destino.**

Tenha-as diante de si o dia inteiro. Dê uma cópia da lista aos amigos como uma alavanca para manter o rumo. Visualize, pense e sinta os benefícios de viver de acordo com esses valores, até que a expectativa das recompensas emocionais os transforme em partes de sua experiência cotidiana.

259

O que precisa acontecer para que você se sinta bem? Precisa ser abraçado, fazer amor, ouvir as pessoas dizerem que o respeitam, ganhar 1 milhão de dólares, ser um excelente jogador de golfe, ser reconhecido pelo chefe, ter o carro certo, ir às festas certas, alcançar a iluminação espiritual ou simplesmente apreciar um pôr do sol?

A verdade é que não precisa acontecer nada para que você se sinta bem. Você pode sentir-se bem *agora mesmo*, se quiser! Afinal de contas, quando tudo isso acontecer, quem vai fazer você feliz? Você mesmo!

Então, por que esperar? A única coisa que o está impedindo é a sua *regra* (uma crença) de que todas essas coisas têm de acontecer antes que você possa se sentir bem. Rompa com essas regras arbitrárias e experimente a alegria que você merece.

260

Se você vai ter uma regra para a felicidade, que seja esta: "Nada precisa acontecer para que eu me sinta bem! Eu me sinto bem porque estou vivo! A vida é um dom, e eu o desfruto." Abraham Lincoln disse uma vez: "A maioria das pessoas é tão feliz quanto decide ser." A história da vida de Lincoln e de outras pessoas que triunfaram sobre tragédias são importantes lembranças de que estamos no controle.

Adote essa regra e decida elevar seus padrões para a única coisa sobre a qual você possui controle completo: você mesmo. Isso significa que você se compromete a ser inteligente, flexível e criativo o bastante para encontrar um modo de olhar a vida fazendo com que qualquer experiência seja enriquecedora.

261

Como sabemos se estamos vivendo de acordo com nossos valores? Depende totalmente de nossas *regras*: as crenças que temos sobre o que precisa acontecer para nos sentirmos bem-sucedidos, felizes ou saudáveis.

É como se tivéssemos um pequeno tribunal em nosso cérebro. Nossas **regras pessoais são o juiz e o júri,** decidindo se nossas ações foram suficientes para alcançar um determinado valor; elas determinam se nos sentimos bem ou mal em qualquer situação, se nos damos prazer ou dor.

262

Uma pergunta importante de ser respondida sempre que sentimos dor em nossa vida é: "Esta dor é resultado de minha situação ou das regras que tenho sobre como devo me sentir? O fato de me sentir mal sobre isso torna a coisa melhor? Que regra (crença) devo ter para me sentir mal nessa situação?"

É fundamental examinar nossas regras para nos certificarmos de que elas são inteligentes e adequadas. Algumas das regras que as pessoas estabelecem para se sentirem bem são que os filhos devem tirar nota máxima na escola, que elas devem ser as melhores no trabalho, ter menos 10 por cento de gordura corporal e se sentirem calmas e relaxadas o tempo todo! Dá para imaginar com que frequência uma pessoa com essas regras vai se sentir bem?

Examine as suas regras. Certifique-se de que são adequadas!

263

É espantoso o número de pessoas que criam meios aparentemente ilimitados de se sentirem mal (regras de dor) e somente alguns meios de se sentirem bem (regras de prazer).

Agora mesmo decida adotar uma regra de qualidade para se permitir ser amado com mais frequência. Em vez de ter como regra para sentir-se amado: "Somente quando uma pessoa me diz constantemente que me ama... quando me compra presentes caros... quando me leva a viagens exóticas... me toca o tempo todo... e está disposta a fazer coisas que odeia só para me fazer feliz" — coisa que limitaria claramente a frequência com que você iria sentir-se amado —, talvez você pudesse simplificar as regras para: "Sinto amor sempre que penso coisas amáveis ou que expresso meu amor por qualquer pessoa."

264

As regras que governam sua vida atualmente ainda são adequadas para aquilo em que você se tornou? **Você ficou preso a regras que o ajudaram no passado mas que o ferem no presente?** Por exemplo, em determinado ponto de sua vida pode ter sido importante ser a pessoa mais durona e nunca demonstrar emoções. Porém, ainda que essa regra possa tê-lo ajudado no pátio da escola, ela pode não ser muito eficaz para criar um relacionamento pessoal duradouro.

Do mesmo modo, se você é um advogado, tenha cuidado para não levar para casa a metáfora do seu trabalho — e as regras que vêm com ela. Caso contrário, estará sabatinando sua esposa todas as noites.

Que regras do seu passado você pode abandonar agora?

265

Como você sabe que é bem-sucedido? Dois homens com regras diferentes para o sucesso participaram de um de meus seminários. Um era um executivo proeminente com todos os motivos para sentir-se no topo do mundo: um casamento feliz, cinco filhos lindos, rendimentos de sete dígitos e o corpo esculpido por corridas de maratona. Entretanto, sentia-se um fracassado. Por quê? Ele tinha regras completamente irracionais.

De modo oposto, outro homem, que não tinha nenhuma das "vantagens" do executivo, sentia-se verdadeiramente bem-sucedido. Quando lhe perguntei o que teria de acontecer para que se sentisse bem-sucedido, ele respondeu: "Só preciso acordar de manhã, olhar para baixo e ver que ainda estou vivo — porque **cada dia é um grande dia!**"

Qual desses dois homens você acha mais bem-sucedido?

266

Certamente queremos usar o poder dos objetivos, o fascínio de um futuro estimulante e progredir. Entretanto, precisamos ter certeza de que debaixo de tudo isso temos regras que nos permitam ser felizes sempre que quisermos.

O que precisa acontecer para que você se sinta feliz? Ser bem-sucedido? Seguro? Amado?

267

Como saber se uma regra o enfraquece e precisa ser mudada? Sua regra é enfraquecedora se:

1. **É impossível de ser realizada** (se seus critérios são tão complexos, numerosos ou rígidos a ponto de você jamais poder vencer o jogo da vida).
2. **Alguma coisa que você não pode controlar determina se a regra é atendida ou não** (isto é, se outras pessoas precisam reagir de determinada maneira antes de você sentir-se feliz).
3. **Se ela lhe dá somente poucos modos de sentir-se feliz e muitos modos de sentir-se mal** (por exemplo, se você só se sente bem quando tudo ocorre exatamente como foi previsto e se sente mal quando qualquer outra coisa ocorre).

268

Agora mesmo comece a **assumir o controle de suas regras.** Responda às seguintes perguntas o mais completamente possível:

1. O que é necessário para que você se sinta bem-sucedido?
2. O que é necessário para que você se sinta amado por seus filhos, seu cônjuge, seus pais, por qualquer pessoa que seja importante para você?
3. O que é necessário para que você se sinta confiante?
4. O que é necessário para você sentir que é excelente em qualquer área de sua vida?

269

Cada problema que você já teve com outro ser humano foi um transtorno de regras. Você não se abalou com a pessoa; se abalou porque ela violou uma de suas regras, um de seus padrões ou crenças sobre como as coisas deveriam ser. Na verdade, você pode ter violado uma de suas próprias regras sobre como deveria se comportar ou sentir.

Na próxima vez em que começar a ficar chateado com alguém, lembre--se de que você não está chateado com a pessoa. Está reagindo *às suas próprias regras* para a situação. Simplesmente pergunte-se: "O que é mais importante nesse caso: minhas regras ou meu relacionamento com essa pessoa?"

Use essa interrupção de padrão para refocalizar o jeito de se comunicar de modo mais afetuoso, e você descobrirá que pode, imediatamente, transformar uma situação conflituosa.

270

Não espere que as pessoas concordem com suas regras se você não comunicar claramente quais são elas. E não espere que elas vivam de acordo com suas regras, se você não está disposto a ceder e a viver de acordo com pelo menos algumas regras delas.

Lembre-se também de que, mesmo quando você esclareceu antecipadamente todas as suas regras, ainda podem ocorrer desentendimentos. É por isso que a **comunicação constante é essencial**. Nunca presuma nada quando se trata de regras: *comunique-se*.

271

Algumas regras têm mais poder sobre nós do que outras. Pense em uma regra que você tem na área da saúde, e que jamais viola. Que palavras você usaria para descrever essa regra "inviolável"? Muitos diriam: *"Nunca devo* usar drogas." Em contraste, como você definiria uma regra que você viola algumas vezes e se arrepende depois? Algumas pessoas diriam: "Bom, eu *não deveria* comer porcaria..."

Tendo aprendido as regras de dezenas de milhares de pessoas, posso dizer que **as regras que você exprime como "eu não deveria" acabam sendo violadas. As que você exprime como "nunca devo" raramente serão violadas.** Chamo estas últimas de **regras de limiar.**

Como você pode transformar alguns de seus "deveria" em "devo" e se beneficiar imediatamente dessas mudanças comportamentais?

272

Regras demais podem tornar a vida insuportável. Uma vez assisti a um programa de televisão que mostrava 20 famílias com filhos quíntuplos. Cada casal de pais recebia a pergunta: "Qual a coisa mais importante que você aprendeu para manter a sanidade?" A mensagem que ecoou repetidamente foi: "**Não ter regras demais.**" Por quê? Com tantos corpos e personalidades em ação, a lei das probabilidades mostra que, se você tiver regras demais, alguém vai violar uma delas praticamente a cada hora do dia — e você vai viver estressado.

Não seria mais inteligente pegar apenas algumas regras para a vida, só as que forem mais importantes? Posso afirmar que, quanto menos regras você tiver em seus relacionamentos, mais feliz você será.

273

A propósito, eu tenho uma regra para você: enquanto está programando as novas regras para sua vida, você deve se divertir! Alucine; extrapole os limites. Quebre as regras antigas. Crie algumas bem malucas. **Você vem usando regras durante toda a vida para se limitar ou para ficar parado; por que não rir um bocado à custa delas?** Talvez, para experimentar amor, você só precise coçar o dedinho do pé. Parece esquisito, mas quem sou eu para decidir o que vai lhe dar prazer?

PARTE 10

AS CHAVES PARA A EXPANSÃO

Identidade e referências

"Se todos fizéssemos as coisas de que somos capazes,
iríamos, literalmente, espantar a nós mesmos."

— THOMAS A. EDISON

274

O que o torna diferente de todas as outras pessoas? Uma fonte muito importante de sua singularidade são as suas experiências. Tudo que você já fez é registrado não somente em sua memória consciente, mas também em seu sistema nervoso. **Tudo que você viu, ouviu, tocou, provou ou cheirou está guardado no gigantesco arquivo conhecido como seu cérebro.**

Essas lembranças conscientes e inconscientes são chamadas de *referências*. Essas experiências são as coisas em que nos baseamos para ter certeza quanto àquilo em que vamos acreditar, inclusive algumas de nossas crenças mais importantes sobre quem somos e do que somos capazes.

275

Que experiências moldaram mais poderosamente sua vida? Antes de participar de qualquer um de meus seminários, os candidatos devem preencher um questionário extenso em que listam as cinco experiências que eles acham ter moldado mais poderosamente sua vida. **O fascinante é que há muitas pessoas que tiveram as mesmas experiências (referências) mas as interpretaram de modo radicalmente diferente.** Por isso, sua vida é diferente hoje em dia.

Dois homens perderam os pais na infância. Um deles usa essa experiência como motivo para se fechar emocionalmente e evitar qualquer contato íntimo, ao passo que o outro se torna uma das pessoas mais abertas e sensíveis que você poderia conhecer.

Não são as referências de nossas vidas que nos definem mas, de novo, são os significados que atribuímos a elas.

276

Você é o projetista principal de sua vida, tenha ou não percebido isso. Pense em todas as suas experiências como uma gigantesca tapeçaria que pode assumir qualquer padrão que você deseje. A cada dia você acrescenta um fio ao tecido...

Você tece uma cortina para se esconder atrás, ou cria um tapete mágico que vai levá-lo a alturas inigualáveis? Você reformula conscientemente o projeto de modo que as lembranças mais fortalecedoras sejam o motivo central de sua obra-prima?

277

Agora dedique um momento para escrever cinco experiências que moldaram mais poderosamente quem você é.

Faça não somente uma descrição do evento, mas explique como ele o afetou. Se descobrir alguma coisa que pareça ter tido consequências negativas, imediatamente, *reinterprete-a,* não importa o que seja necessário para isso. **Pode exigir alguma fé; pode exigir uma nova perspectiva que você nunca teria considerado antes.** Apenas lembre-se de que há valor em *toda* experiência humana.

278

Para realizarmos qualquer coisa, nós precisamos de um sentimento de certeza. Nossas referências nos ajudam a construir esse importante estado emocional. No entanto, se não tivermos experiência (referências) para fazer alguma coisa, como podemos ter certeza? Perceba que você não está limitado à sua experiência real: **sua imaginação tem referências ilimitadas para apoiá-lo.**

Lembre-se de que, quando Roger Bannister quebrou o recorde da milha, em menos de quatro minutos, isso se deveu, em grande parte, a ele já ter realizado a tarefa em sua mente. Suas visualizações repetidas da quebra do recorde lhe deram as experiências de referência e, portanto, a convicção para usar todo o seu potencial físico.

Quantas barreiras você poderia destruir se meramente usando a força da imaginação para lhe dar referências?

279

Sua imaginação é dez vezes mais poderosa do que a força de vontade. **Libertada, ela proporciona um sentimento de certeza e visão tenaz que vai muito além de qualquer limitação do passado.**

André Agassi me disse recentemente que tinha vencido o torneio de Wimbledon *centenas* de vezes com 10 anos de idade... *em sua mente*. Suas visualizações constantes e nítidas da vitória lhe proporcionaram a certeza interna que terminou por levá-lo a essa realidade no verão de 1992.

Que sonhos você poderia realizar através do emprego constante da imaginação?

280

Um modo fácil de expandir imediatamente sua "biblioteca de experiências de referência" é explorar a riqueza da literatura, das histórias, dos mitos, da poesia e da música ao seu redor. **Leia livros, veja filmes e vídeos, assista a peças de teatro, vá a seminários, converse com estranhos.** Todas as referências têm poder, e você nunca sabe qual delas pode mudar toda a sua vida.

281

O poder da leitura de um grande livro é que você começa a pensar como o autor. Durante aqueles momentos mágicos em que está imerso nas florestas de Arden, você é William Shakespeare; enquanto está naufragado na *Ilha do tesouro*, você é Robert Louis Stevenson; enquanto está comungando com a natureza em *Walden*, você é Henry David Thoreau. Você começa a pensar como eles, sentir como eles e usar a imaginação como eles usariam. **As referências deles se tornam suas e você as carrega consigo depois de virar a última página.**

Que aventura fascinante, divertida e enriquecedora você pode ter com um grande livro, uma peça interessante ou uma música emocionante?

282

E se você adotasse a crença de que não existem experiências ruins? Não é verdade que, independentemente das situações pelas quais você passa na vida — sejam elas difíceis ou fáceis, dolorosas ou agradáveis —, **cada experiência proporciona algo de valor** se você parar para olhar?

Reflita sobre uma de suas "piores" experiências. O poder de moldar sua vida é obtido mudando o significado que você associa a uma experiência. Olhando para trás, você consegue pensar em *algum* modo pelo qual ela teve um impacto positivo? Talvez você tenha sido despedido, assaltado, passado por um acidente de carro, mas dessa experiência você eventualmente obteve uma nova resolução, ou uma nova percepção, ou uma nova sensibilidade com relação aos outros, que fez você crescer como pessoa e aumentou mensuravelmente sua capacidade de contribuir.

283

Experiências limitadas criam uma vida limitada. Se você deseja enriquecimento e crescimento, deve aumentar suas referências buscando ideias e experiências que não fariam parte de sua vida se você não as procurasse conscientemente. **Raramente uma grande ideia vai cair sobre você; você deve se empenhar em procurá-la.**

Qual seria uma coisa que você nunca pensou em fazer antes e que lhe abriria novos mundos?

284

Busque algumas experiências que você nunca teve antes: vá mergulhar e explorar o mundo submarino; ver como é a vida em um ambiente totalmente novo... Vá assistir a uma orquestra sinfônica, se não é uma coisa que você faz usualmente, ou um concerto de *rock,* se é algo que você costuma evitar... Visite um hospital infantil... Mergulhe numa cultura diferente, vendo o mundo com olhos de outra pessoa.

Lembre-se, qualquer limitação que você tenha na vida é, provavelmente, resultado de experiências de referências limitadas. Expanda suas referências e imediatamente você expandirá sua vida.

285

Quais são algumas das novas experiências que você precisa ter? Uma boa pergunta para fazer a si mesmo é: "Para alcançar o que realmente desejo, quais são algumas das referências de que preciso?"

Considere as experiências divertidas que você gostaria de ter. Pense em algumas coisas que seriam divertidas ou que simplesmente iriam fazê-lo sentir-se bem.

Depois de ter feito em uma lista de novas referências para adquirir, ponha um prazo para cada uma. Decida quando você vai fazer cada uma delas. Quando vai aprender a falar espanhol, grego ou japonês? Quando vai dar aquele passeio de balão? Quando vai visitar um abrigo de idosos e cantar em um coral? **Quando vai fazer algo incomum e novo?**

286

Uma das referências mais poderosas que compartilho com meu filho é a experiência que tivemos em um ano em que fomos distribuir cestas de alimentos no Dia de Ação de Graças. Eu tinha encorajado meu filho de 4 anos a dar uma cesta a um homem que estava dormindo na porta de um banheiro público. Para minha surpresa, Jairek tocou-o no ombro e gritou: "Feliz Dia de Ação de Graças!" De repente, o homem se empertigou e estendeu a mão na direção dele. Meu coração saltou para a garganta, e no momento em que comecei a me adiantar o homem pegou gentilmente a mão de Jairek e a beijou. Em seguida, sussurrou, com voz rouca: "**Obrigado por se importar...**" Me pergunto se há um presente mais poderoso que alguém pode dar a uma criança no Dia de Ação de Graças.

Que experiência emocionante você poderia compartilhar com alguém que ama?

287

Você não precisa ir a um safári para expandir suas referências; pode simplesmente virar a esquina e ajudar alguém de sua comunidade. Mundos inteiros se abrem com o acréscimo de apenas uma referência nova. Pode ser uma coisa que você vê ou ouve, uma conversa, um filme ou um seminário, algo que você lerá na próxima página — **você nunca sabe quando pode acontecer.**

288

Saia do banco de reservas e entre no jogo da vida! Deixe sua imaginação viajar com as possibilidades de tudo que você pode explorar e experimentar — e comece imediatamente.

Que experiência nova você poderia buscar hoje, que expandiria a sua vida? Que tipo de pessoa você se tornaria, em resultado disso?

289

Há uma força que molda sua vida. Ela determina o que você considera possível ou impossível, o que o atrai ou o repele, como você pensa e como interage. **Essa força é a crença em quem você é: a sua *identidade*.**

Todos nós temos pelo menos um modo subconsciente de definir a nós mesmos, e essa definição afeta todas as partes de sua vida. Se você se vê como conservador, por exemplo, vai se mexer e até falar diferente do que se você se achasse excêntrico. Uma mudança em sua definição pessoal vai mudar instantaneamente os talentos que você expressa, os comportamentos que demonstra e as aspirações que busca. Sua identidade é o filtro através do qual todas as definições são feitas, a crença básica com que você interpreta todas as experiências da vida.

290

Você já disse "Eu não posso fazer isso!"? Se já usou esta frase, chegou à fronteira de como se definiu no passado, e ela afeta a qualidade de sua vida atual. Pergunte-se: "De onde vieram essas crenças sobre quem eu sou, e qual é a idade delas?" **Talvez seja época de atualizar sua identidade.** Você a escolheu conscientemente ou ela é a soma do que as outras pessoas lhe disseram, dos eventos significativos de sua vida e de outros fatores que ocorreram sem sua consciência e sua aprovação?

Se você fosse começar a se definir de modo diferente, de um jeito mais fortalecedor e preciso para quem você é hoje, como descreveria a pessoa que você se tornou?

291

Todos nós precisamos expandir nossa visão do que somos e do que somos capazes. Precisamos nos certificar de que os rótulos que colocamos em nós mesmos não são limites, e sim melhorias, que se somam a tudo de bom que há em nós. **Cuidado: você se tornará qualquer coisa que ligar constantemente à palavra "eu sou".** Por exemplo, algumas pessoas dizem: "Eu sou preguiçoso." Elas podem não ser preguiçosas; simplesmente têm objetivos pouco estimulantes.

Você está se definindo de maneiras limitadoras? Esses limites estão se tornando profecias que se realizam? Nesse caso, mude-os agora!

292

Sempre que fizermos uma mudança em nossa vida, as pessoas ao redor serão uma ajuda ou um obstáculo para nosso progresso permanente. Se elas continuarem a pensar em nós do mesmo modo que pensavam no passado, esse sentimento de certeza (crenças) sobre quem somos pode servir como uma âncora negativa puxando-nos temporariamente para trás, para velhas emoções e crenças limitadoras.

Devemos ter consciência de que **nós temos o poder definitivo de definir quem somos.** Nosso passado não determina o nosso presente ou o futuro. *Aja e afirme sua identidade nova e fortalecedora, começando hoje.*

293

Se você tentou repetidamente fazer uma mudança positiva e fracassou, é impossível que **você** estivesse tentando mudar para um comportamento que não era coerente com suas crenças sobre quem você é. **Para produzir as melhorias mais profundas e rápidas na qualidade de sua vida, você deve mudar, alterar ou expandir a sua** *identidade.*

Por exemplo, em vez de meramente tentar interromper um comportamento como o de beber muito, você poderia expandir sua identidade transformando-a na de uma pessoa saudável e dedicada a manter o organismo perfeito. Como consequência natural dessa decisão, o abuso do álcool é algo que você nem vai considerar mais.

294

O que é uma crise de identidade? Talvez a melhor definição para essa experiência relativamente comum é que ela ocorre quando as pessoas agem de modo incoerente com o que acreditam ser, o que faz com que questionem tudo em suas vidas. Mas será que algum de nós realmente sabe completamente quem é? Suspeito que não.

Ter uma identidade especificamente ligada à idade ou à aparência nos levaria, definitivamente, à dor, a uma crise futura; afinal de contas, essas coisas mudam. Mas se tivermos um sentido mais amplo de quem somos, talvez até mesmo uma definição espiritual, nossa identidade nunca poderá ser ameaçada.

Certamente somos mais do que os nossos corpos. Então, o que nos torna especiais?

295

Tire um momento, agora, para identificar quem você é. Decida ser curioso e lúdico na hora de responder à pergunta: **"Quem é você?"**

Você se define pelo seu passado, pelo presente ou pelas realizações futuras? Por sua profissão, por seus rendimentos, pelos papéis que representa na vida, por suas crenças espirituais, por seus atributos físicos ou por algo que transcende todas essas categorias?

296

Se o seu nome estivesse no dicionário, como você seria definido? Será que somente três palavras diriam tudo, ou seria necessário uma narrativa épica consumindo página após página — ou mesmo exigindo um volume inteiro?

Agora mesmo escreva a definição que você poderia encontrar no dicionário, no verbete do seu nome.

297

Se você fosse criar uma carteira de identidade que representasse quem você é, realmente, o que haveria nela? E o que você deixaria de fora? Você incluiria uma foto ou uma descrição física, ou considera essas coisas sem importância? Será que a carteira citaria suas estatísticas vitais? Suas realizações? Seus valores? Emoções? Suas crenças? Aspirações? O seu lema?

Tire um minuto para criar sua carteira de identidade, uma identificação bastante pessoal que mostre a alguém quem você realmente é.

298

Se alguns aspectos de sua identidade lhe causam dor, por que continuar com eles? Eles são simplesmente coisas com que você decidiu se identificar *até agora*.

Pegue a dica com a imaginação maravilhosa que preenche o coração e a alma de qualquer menino. Um dia ele é Zorro, o guerreiro contra o mal. No outro, é Hércules, o homem mais forte da Terra. E hoje ele é o vovô, seu herói na vida real. As mudanças de identidade podem estar entre as experiências mais alegres, mágicas e libertadoras da vida. Num momento podemos nos redefinir por completo, ou podemos simplesmente decidir deixar nosso eu verdadeiro aparecer, descobrindo uma identidade gigantesca que é mais do que nossos comportamentos, mais do que o nosso passado, mais do que qualquer rótulo que estejamos nos demos.

299

Se você pudesse ser qualquer pessoa que quisesse, de que consistiria a sua identidade? *Faça hoje uma lista de todos os elementos que você gostaria de incluir.* Quem tem essas características que você deseja? Essas pessoas podem servir como modelos? Imagine-se assumindo essa nova identidade. Visualize como respiraria. Como você andaria? Como falaria? Como pensaria? Como se sentiria?

Alegre-se com o poder que tem agora mesmo de mudar qualquer parte de sua identidade simplesmente decidindo.

300

Se você deseja genuinamente expandir sua identidade — e sua vida —, decida conscientemente o que deseja ser. Empolgue-se, seja como criança de novo, e descreva em detalhes quem você decidiu ser hoje.

Aproveite agora para escrever uma lista ampla — e não se limite.

301

As pessoas com quem passamos tempo têm uma influência poderosa em nossa percepção de quem somos. À medida que você desenvolva um plano de ação para sustentar sua nova identidade, preste atenção especial às pessoas que o rodeiam.

Será que seus amigos, sua família, seus sócios fortalecerão ou demolirão a identidade que você está criando?

302

Comprometa-se com sua nova identidade anunciando-a a todo mundo ao seu redor. **Mas o anúncio mais importante é para você mesmo.** Use seu novo rótulo para descrever-se todos os dias, e se condicionará a ele.

303

Neste exato momento você pode começar a viver a nova identidade que criou. Pergunte-se: "O que mais eu *posso* ser? O que mais eu *serei*! Quem estou me tornando *agora*?"

Comprometa-se consigo mesmo a, independentemente do ambiente, agir como uma pessoa que já está alcançando os objetivos que determinou para si mesma. Respire como ela. Mexa-se como essa pessoa. Responda aos outros como essa pessoa. Trate os outros com o tipo de dignidade, respeito, compaixão e amor que essa pessoa demonstraria.

Se você decidir pensar, sentir e agir como o tipo de pessoa que deseja ser, você se transformará nela.

304

Agora você está numa encruzilhada. Esqueça o passado. Quem você é *agora?* Não pense em quem você foi. Quem você decidiu se tornar? *Tome essa decisão conscientemente.* Tome-a com cuidado e energia. E em seguida aja!

PARTE 11

JUNTANDO TUDO

Saúde, finanças, relacionamentos e código de conduta

"Ponha convicção em seus atos."

— Ralph Waldo Emerson

305

Comece a colher as recompensas de algumas estratégias, ferramentas e lições diárias de autodomínio que você aprendeu. À medida que for lendo cada página desta parte, você focalizará várias áreas principais — física, financeira e de relacionamentos — e criará um método para garantir que viva a cada dia de acordo com os padrões mais elevados.

306

Assim como você aprendeu a condicionar seu sistema nervoso para produzir os comportamentos que lhe darão os resultados desejados, **seu corpo físico depende de como condiciona seu metabolismo e seus músculos** para produzir os níveis de energia e de capacidade física que deseja.

O que você faz regularmente para cuidar de seu corpo e produzir o nível de saúde que deseja?

307

O que faz o corpo humano funcionar com eficiência máxima? A incrível realização de Stu Mittleman ilustra o poder de alguns princípios básicos. **Mittleman quebrou o recorde mundial de longa distância correndo mais de 1.600 quilômetros em 11 dias e 19 horas, com a média de 134 quilômetros por dia!** Talvez seja ainda mais espantoso que, de acordo com testemunhas, ele parecesse *melhor* no final da corrida do que na largada. Mittleman não sofreu nada, nem mesmo uma bolha no pé.

O que lhe permitiu levar o corpo aos limites e ainda assim maximizar seu potencial sem prejudicá-lo? Primeiro: dedicando anos de treinamento à mente e ao corpo, Mittleman provou que podemos nos adaptar a qualquer coisa, se fizermos *progressivamente* as exigências corretas a nós mesmos.

308

Qual foi a segunda distinção que permitiu a Stu Mittleman estabelecer um novo recorde em corridas de longa distância? Simplesmente o fato de que **saúde e forma física não são a mesma coisa.**

O que é *forma física*? De acordo com o Dr. Philip Maffetone, é "a capacidade física de desempenhar uma atividade atlética". *Saúde,* entretanto, é definida de modo muito mais amplo, como "o estado em que todos os sistemas do corpo... atuam de modo ideal". Muitas pessoas acham que forma física implica saúde, mas as duas coisas não andam necessariamente juntas. Se você obtiver forma física à custa da saúde, pode não viver o suficiente para desfrutar de seu físico espetacular.

Para você, o que vem na frente? Você criou um equilíbrio entre saúde e forma física?

309

Então, como maximizamos nossa saúde? **A melhor maneira é entender a diferença entre exercício aeróbico e anaeróbico, entre resistência e força.** *Aeróbico* significa "com oxigênio", e se refere a exercícios moderados mantidos durante um período de tempo. Se você ativar a resistência com exercícios aeróbicos, você queimará *gordura* como combustível principal. *Anaeróbico,* por outro lado, significa "sem oxigênio" e se refere a exercícios que produzam jorros curtos de energia. Os exercícios anaeróbicos queimam *glicogênio* como combustível principal e fazem com que o corpo acumule gordura.

Você se considera saudável, em plena forma física? Nenhuma das duas coisas?

310

Por que tantas pessoas sentem atualmente a fadiga? **Com o desejo de produzir os maiores resultados no menor período de tempo, muitas pessoas levam estilos de vida anaeróbicos, inundados de estresse e exigências, acrescidos do modo como se exercitam.** Ao se exercitar anaerobicamente, elas esgotam o glicogênio de seu sistema. Seu metabolismo passa a usar o açúcar do sangue como fonte secundária de combustível, causando dores de cabeça, fadiga etc.

Como você pode passar de exercícios anaeróbicos para aeróbicos? *Simplesmente reduzindo o ritmo.* De acordo com o Dr. Philip Maffetone, a maioria dos tipos de exercício, como caminhar, correr, andar de bicicleta ou nadar, pode ser aeróbica ou anaeróbica. O ritmo cardíaco mais baixo faz com que sejam aeróbicos, ao passo que o ritmo cardíaco mais alto faz com que sejam anaeróbicos.

Você precisa reduzir o ritmo dos exercícios em seu estilo de vida?

311

Para transformar seu corpo em uma máquina de queimar gordura você deve treinar seu metabolismo para operar constantemente de modo aeróbico. **O Dr. Maffetone sugere um período entre dois e oito meses de exercícios exclusivamente aeróbicos.** Para alcançar equilíbrio entre saúde e forma física, os exercícios anaeróbicos podem ser incorporados na rotina uma a três vezes por semana.

Com quem você precisa se consultar para otimizar sua saúde? Que recursos você poderia utilizar?

312

O filósofo inglês Ludwig Wittgenstein escreveu: "O corpo humano é a melhor imagem da alma humana."

O que seu corpo diz sobre a sua identidade mais profunda?

313

O elemento mais importante para produzir saúde é provavelmente o oxigênio. Sem ele as células enfraquecem e morrem.

Para não esgotar o oxigênio do corpo ao se exercitar, você precisa saber quando passou da atividade aeróbica para a anaeróbica.

Responda às seguintes perguntas:

1) Você consegue falar enquanto se exercita (aeróbico), ou fica sem fôlego (anaeróbico)?
2) Sua respiração é firme e audível (aeróbico), ou mais dificultosa (anaeróbico)?
3) O exercício parece agradável, ainda que cansativo (aeróbico), ou você se sente definitivamente exigido (anaeróbico)?
4) Numa escala de 0 a 10, com 0 representando o esforço mínimo e 10 o mais intenso, qual é a sua nota? A avaliação ideal deveria ser entre 6 e 7; se você passou de 7, entrou numa faixa anaeróbica.

314

Eis como começar a incorporar exercícios consistentes e agradáveis em seu estilo de vida:

1. **Determine se seu exercício regular é aeróbico ou anaeróbico:** você acorda sentindo-se cansado? Sente-se faminto, com variações de humor e/ou sente dores depois da ginástica? A mesma camada de gordura está grudada em você a despeito dos esforços mais diligentes? Se respondeu sim a algumas ou a todas essas perguntas, as chances são de que esteja se exercitando anaerobicamente.
2. **Compre um monitor cardíaco portátil** para ajudá-lo a permanecer na faixa aeróbica ideal para os exercícios. É um dos melhores investimentos que você fará.
3. **Desenvolva um plano para começar a condicionar seu metabolismo** para queimar gordura e produzir níveis consistentes de energia. Aferre-se a esse plano durante pelo menos dez dias.

315

Poucas coisas na vida são mais importantes de dominar do que seus relacionamentos. O sucesso não é uma coisa realizadora a não ser que você tenha alguém com quem compartilhá-lo — na verdade, a emoção mais procurada é a do contato. Nos próximos dias vamos considerar seis princípios organizadores fundamentais para o sucesso de qualquer relacionamento, especialmente de seus relacionamentos amorosos.

Primeiro, você deve conhecer os valores e as regras da pessoa com quem está envolvido. Não importa quanto você ame alguém, não importa quanto seja uma ligação íntima, haverá transtornos e tensões enfraquecedoras se um estiver sempre violando as regras do outro.

Se você não sabe (ou se esqueceu) quais são as regras de seu parceiro, descubra-as. Se já faz algum tempo desde que conversaram sobre elas, é uma boa ideia verificá-las de novo.

316

A única maneira de um relacionamento durar é vê-lo **como um lugar aonde você vai para doar,** e não um lugar onde você vai receber.

Qual é a coisa mais valiosa que você doa em seu relacionamento?

317

Para alimentar um relacionamento, **esteja atento aos sinais de alerta que possam surgir.** Identificando-os e intervindo imediatamente você pode eliminá-los antes que eles fujam ao controle. *Existem sinais de alerta que devam ser observados em seu relacionamento?* Quais são algumas ações que você precisa realizar hoje mesmo para "matar o monstro enquanto ainda é pequeno", antes que ele tenha chance de crescer exageradamente?

318

Muitas vezes um relacionamento acaba sem que as pessoas saibam o que deu errado. **O modo mais importante de garantir sucesso em qualquer relacionamento é se** *comunicar com clareza* **o tempo todo.** Certifique-se de que suas regras sejam conhecidas e atendidas.

Desenvolva interrupções de padrão com seu parceiro, para impedir o tipo de discussão em que você não consiga mais lembrar qual foi o ponto de discordância, só lembra que é preciso vencer.

Use o Vocabulário Transformacional para impedir que os transtornos cresçam fora de proporção. Por exemplo, em vez de dizer: "Não aguento quando você faz isso", diga: "Preferiria que você fizesse assim."

319

Seu relacionamento amoroso é uma das maiores prioridades de sua vida? Se não for, ele ficará atrás de todas as outras coisas mais urgentes que acontecem todos os dias, e sua paixão, gradualmente, se dissipará.

Não permita que a familiaridade o acostume à excitação e à gratidão intensas que você sente por ter alguém especial em sua vida.

320

Se deseja que seu relacionamento perdure, nunca o ameace. A simples afirmação: "Se você fizer isso, eu vou embora", cria a possibilidade. **Em vez disso, focalize a cada dia a melhora do relacionamento.** Todos os casais que conheço e que têm relacionamento duradouro e gratificante transformaram isso em uma regra; não importa quanto se sintam com raiva ou feridos, eles sempre se agarram à existência inquestionável do relacionamento.

321

Uma das melhores ações possíveis a cada dia é relembrar o que mais ama no seu parceiro. Reforce seus sentimentos de contato e renove seus sentimentos de intimidade e atração perguntando-se constantemente: "**Como tive tanta sorte de ter você em minha vida?**" Embarquem numa procura interminável de novos meios de se surpreenderem e mostrar como se apreciam mutuamente. Não veja seu amado como coisa garantida — descubra e crie aqueles momentos especiais que possam tornar seu relacionamento lendário!

O que você pode fazer hoje por alguém a quem ama?

322

Você está empenhado em ter o relacionamento amoroso de seus sonhos? Eis algumas Regras Fundamentais dos Relacionamentos:

1. **Passe tempo com a pessoa que você ama e descubra o que é mais importante para cada um.** Quais são os valores mais altos de cada um no relacionamento e o que deve acontecer para que cada um sinta que esses valores são alcançados?
2. **Decida que é mais importante estar amando do que estar certo.** Se você começar a insistir que precisa estar certo, quebre seu padrão. Se for necessário, interrompa o conflito até ter mais disposição de encontrar uma saída.

323

MAIS REGRAS FUNDAMENTAIS DOS RELACIONAMENTOS

3. **Crie quebras de padrão que os dois concordem em usar em caso de conflito.** Use as interrupções de padrão com o humor mais exótico que conseguir imaginar; transforme-as em piadas pessoais entre os dois.

4. **Quando sentir resistência, comunique-se com frases amortecedoras,** como "Sei que é somente um capricho meu, mas quando você faz isso, eu me sinto ligeiramente aborrecido".

5. Planeje frequentemente saírem juntos à noite, de preferência uma vez por semana, ou, no mínimo, duas vezes por mês. Pense em coisas divertidas e românticas para fazer.

6. Não deixe de, todos os dias, dar um beijo molhado e gostoso, de sessenta segundos!

324

Muitas pessoas cometem o equívoco de pensar que todos os problemas de sua vida desaparecerão se tiverem dinheiro suficiente. Ganhar mais dinheiro, em si, raramente liberta as pessoas. Porém, é igualmente ridículo dizer a si mesmo que maior liberdade financeira e domínio de suas finanças não oferecerá mais oportunidades de crescer, compartilhar e criar valores para você mesmo e para os outros.

325

Enriquecer é simples. A maioria das pessoas não faz isso porque tem hiatos — conflitos de valores e crenças — em seus fundamentos financeiros. **O motivo mais comum para o sucesso financeiro escapar às pessoas é que elas têm sentimentos conflitantes com relação a dinheiro.** Apesar de poderem valorizar o que acreditam que ele traria, elas também podem acreditar que terão de trabalhar demais para isso, ou que o dinheiro as corromperá, ou que os ricos se aproveitam dos outros.

Outro motivo comum pelo qual muitas pessoas não dominam o dinheiro é pensarem que isso é muito complexo, uma coisa que deve ser deixada aos "especialistas". Apesar de fazer sentido ter uma assessoria, todos devemos aprender a assumir responsabilidade por nossas decisões financeiras e compreender as consequências.

326

Depois de anos estudando as pessoas mais bem-sucedidas de nossa cultura, descobri cinco chaves para o domínio das finanças. **A primeira chave é a capacidade de criar riqueza.** Se você puder descobrir um modo de aumentar o valor do que faz em pelo menos dez ou 15 vezes, você pode facilmente aumentar seus rendimentos.

Comece perguntando-se: "Como eu posso valer mais para essa empresa? Como posso ajudá-la a conseguir mais coisas em menos tempo? De que modo eu poderia ajudar a cortar custos enquanto aumento a lucratividade e a qualidade? Que novos sistemas eu posso implementar? Que nova tecnologia eu posso usar para dar a essa empresa uma vantagem competitiva?"

327

A segunda chave para o domínio das finanças é manter sua riqueza. O único modo de fazer isso é gastar menos do que ganha e investir a diferença.

328

Economizar dinheiro é um objetivo valioso, mas sozinho não trará abundância econômica. **A terceira chave do domínio das finanças é** *aumentar* **sua riqueza.** Para conseguir isso você deve gastar menos do que ganha, investir a diferença e *reinvestir os lucros para aumentar o crescimento*. A capitalização dos lucros coloca seu dinheiro para trabalhar para você, aumentando-o exponencialmente. O ritmo com que você alcança a independência financeira está em proporção direta com sua disposição em reinvestir — e não gastar — os lucros de seus investimentos passados.

329

Ninguém quer ser um "alvo". **A quarta chave do domínio das finanças é** *proteger* **sua riqueza.** Na atmosfera litigiosa de hoje em dia, muitas pessoas ricas se sentem mais inseguras do que quando tinham menos bens, simplesmente porque agora sabem que podem ser processadas a qualquer momento, algumas vezes por motivos totalmente frívolos. A boa-nova é que atualmente há rotas legais para proteger seus bens, desde que você não esteja atualmente envolvido num processo.

Você precisa pensar na proteção de seus bens? Mesmo que ainda não esteja preocupado com essa questão, agora é hora de começar a consultar os especialistas e a copiar os mestres, assim como faria em qualquer outra área importante de sua vida.

330

Não demore muito para começar a obter prazer com a abundância econô-mica. A quinta chave para o domínio financeiro é *desfrutar* de sua riqueza. A maioria das pessoas espera até acumular uma quantidade de dinheiro para começar a desfrutar. Mas, a não ser que você associe prazer a ganhar dinheiro, nunca vai conseguir segurar isso por muito tempo. Por isso, recompense você mesmo com bonificações-surpresa.

Também não se esqueça de doar. Dando uma parte do que ganhou, você aprende que tem mais do que o suficiente. A verdadeira riqueza é uma emoção: *uma sensação de absoluta abundância.* O dinheiro não tem valor se não compartilharmos seu impacto positivo com as pessoas com quem nos importamos; e à medida que descobrimos meios de contribuir proporcionalmente aos nossos ganhos, recebemos uma das maiores ale-grias da vida.

331

Comece agora a assumir o controle de seu futuro financeiro.

1. **Pense em todas as suas crenças sobre o dinheiro.** Questione as limitadoras e reforce as fortalecedoras. Use os seis passos do NAC para condicionar seus novos padrões.
2. **Imagine como acrescentar mais valor à sua empresa ou ao seu empregador, sendo ou não pago por isso.** Decida acrescentar pelo menos dez vezes mais valor do que faz atualmente.
3. **Comprometa-se a deduzir pelo menos 10 por cento de seu pagamento e investi-los.**
4. **Obtenha boa assessoria para ajudá-lo a tomar decisões inteligentes de investimento.**
5. **Crie uma pequena bonificação para começar a associar o prazer ao sucesso financeiro.** Para quem você poderia fazer algo especial? Como você poderia se reforçar por estar começando hoje?

332

É fantástico ter uma hierarquia de valores com que se empenhar. Mas, sem uma avaliação, como você sabe se realmente está vivendo de acordo com eles no dia a dia, em cada momento? A contribuição pode ser um de seus valores principais, mas com que frequência você o realiza? O amor pode estar no alto de sua lista, mas você consegue pensar em muitas vezes em que não esteve amando?

A solução é simples: **crie seu Código de Conduta pessoal.** Como? Continue lendo...

333

Você consegue se lembrar da última vez que teve clareza absoluta sobre como agir em alguma situação, não importa que coisa louca pudesse aparecer? A maioria de nós nunca sente esse tipo de certeza, a não ser que decida antecipadamente com relação a um conjunto de características com que nos comprometamos a viver cotidianamente. Escrevê-las, criar um "Código de Conduta", proporciona excelente mapa para todas as viagens da vida.

1. **Faça uma lista de todos os estados em que você está empenhado em permanecer todos os dias para viver de acordo com seus valores e princípios mais elevados.** Faça a lista suficientemente longa para garantir que você vivencie a riqueza e a variedade que merece, mas suficientemente curta para que realmente consiga alcançar esses estados todos os dias.

334

SEU CÓDIGO DE CONDUTA
(Continuação)

2. Junto a cada estado, escreva sua regra para saber como está se sentindo. Por exemplo: "Estou sendo alegre quando sorrio para as pessoas" ou "Estou sendo grato quando me lembro de todas as coisas boas que tenho na vida".

3. Comprometa-se em experimentar cada um desses estados pelo menos uma vez por dia. Você pode querer escrever seu Código de Conduta em um pedaço de papel que leve para todos os lugares, ou ter cópias dele na mesa do trabalho ou perto da cama. Periodicamente, reveja a lista e pergunte-se: "Quais desses estados eu já experimentei hoje? Quais deles não experimentei — e como vou vivenciá-los até o fim do dia?"

PARTE 12

O PRESENTE SUPREMO

Contribuição

"Um dia, depois de dominarmos os ventos, as ondas, a maré e
a gravidade, vamos dominar as energias do amor.
Então, pela segunda vez na história do mundo, o homem
terá descoberto o fogo."

— Teilhard de Chardin

335

Durante mais de uma década tive a honra especial de trabalhar virtualmente com todos os tipos de pessoas, desde as mais privilegiadas até as mais empobrecidas. Uma coisa é clara. Independentemente da posição social, só quem aprendeu o poder da contribuição sincera e altruísta experimenta a alegria mais profunda da vida — a verdadeira realização.

336

Todos tivemos contatos com um sentimento de contribuição altruística: ajudando um amigo, mostrando a uma criança como resolver um problema, auxiliando um colega em um projeto difícil, ajudando um idoso a descer uma escada. **Essas experiências nos dão um momento de exultação em que vislumbramos nosso Eu essencial.** E isso nos leva a sermos verdadeiramente inspirados pelas pessoas que *constantemente* se dão.

Esta parte é um convite a que você se torne um doador consistente, a juntar-se a uma equipe comprometida em compartilhar a dádiva da possibilidade com aqueles que buscam melhorar a qualidade de suas vidas.

337

A consciência de toda uma nação recebeu um alerta através das ações simples porém corajosas de um homem. Quando subiu a bordo do navio *Maria Luisa* como membro temporário da tripulação, Sam LaBudde arriscou sua vida para gravar em vídeo a carnificina provocada contra os golfinhos pelos barcos pescadores de atum.

Em 1991 — apenas quatro anos depois —, a maior indústria de beneficiamento de atum, a Starkist, anunciou que não mais trabalharia com atuns apanhados em redes de arrasto. Outras fábricas tomaram a mesma atitude logo depois. Mesmo que a luta ainda não tenha terminado, a contribuição dada por esse homem salvou incontáveis golfinhos e, indubitavelmente, ajudou a restaurar um pouco do equilíbrio de um ecossistema incrivelmente delicado.

O que você poderia realizar com um pouquinho de criatividade e coragem e que poderia fazer diferença para os outros — ou mesmo para o mundo?

338

Não seria necessário um esforço sobre-humano para resolver os problemas do mundo? Nada pode estar mais longe da verdade. **Quaisquer resultados que estejamos experimentando na vida resultam da acumulação de pequenas decisões que tomamos como indivíduos, como família, comunidade, sociedade e como espécie.**

As grandes soluções começam com indivíduos realizando ações pequenas, porém consistentes, que acabam se acumulando e causando uma transformação em nível mundial.

339

Cada um dos problemas nacionais e globais que estão diante de nós foi provocado por um comportamento humano. A boa notícia é que, já que nosso comportamento é a causa, nós temos o poder de modificá-lo! Existem ações que cada um de nós pode realizar dentro de casa, nos empregos e nas comunidades para iniciar uma cadeia de consequências específicas e positivas. **O único limite para o impacto que causamos é a nossa imaginação e o nosso compromisso.**

340

Como é que uma pessoa faz diferença? A história do mundo é simplesmente uma crônica dos feitos de um pequeno número de pessoas comuns que tiveram níveis extraordinários de empenho. Esses indivíduos que tiveram o poder de fazer uma diferença significativa na qualidade de nossas vidas são os homens e mulheres que chamamos de *heróis*.

Quem são os seus heróis?

341

Acredito que você e eu — e todas as pessoas que conhecemos — temos a capacidade inata de sermos heroicos, de darmos passos ousados, corajosos e nobres para tornar a vida melhor para os outros, mesmo quando a curto prazo pareça que isso ocorre à nossa custa.

A capacidade de fazer o certo, de ousar assumir e fazer diferença, está dentro de nós. A pergunta é: quando chegar o momento, você vai lembrar de que é um herói e reagir altruisticamente para apoiar os necessitados?

342

A superação das dificuldades é o teste moral que forma o caráter.

343

Você pode presumir que madre Teresa nasceu para o heroísmo. Mas como freira e professora, em uma parte relativamente rica de Calcutá, ela raramente passava pelas partes mais pobres da cidade. Uma noite, ouviu o choro de uma mulher agonizante. Madre Teresa correu a ajudá-la e passou o resto da noite procurando sem sucesso obter ajuda em vários hospitais. Quando a mulher finalmente morreu em seus braços, a vida de Teresa se transformou. Em um momento decisivo, talvez o momento divino, ela prometeu que, enquanto vivesse, ninguém que estivesse a seu alcance morreria sem dignidade e amor.

Existe um momento específico em sua vida que você possa apontar como decisivo?

344

O que faz um herói? Um herói é uma pessoa que contribui corajosamente mesmo sob as circunstâncias mais desafiadoras; um herói é um indivíduo que age de modo altruísta e exige mais de si mesmo do que os outros esperariam; é alguém que desafia a adversidade fazendo o que acha certo, apesar do medo.

345

Um herói não é uma pessoa "perfeita". Nós não teríamos heróis se o padrão fosse este. Todos cometemos erros, mas isso não invalida as contribuições que fazemos no decorrer da vida. **Heroísmo não é perfeição; heroísmo é humanidade.**

346

Como podemos atacar as gigantescas questões sociais? Sabendo que dentro de cada um de nós brilha a luz do heroísmo, só esperando para ser transformada em uma poderosa chama. O primeiro passo é almejarmos a padrões mais elevados, e cumprirmos essa promessa.

347

Quando os problemas da sociedade parecem insuperáveis, cada um de nós pode assumir um controle absoluto mudando nossas crenças. **O mais importante: nós devemos parar de achar que os desafios que enfrentamos são permanentes e generalizados, que as ações de uma só pessoa não têm importância.** Gandhi desistiu porque era só um homem? Madre Teresa abdicou de sua paixão porque era só uma freira lutando contra a dor dos pobres? Ed Roberts baixou a cabeça sob a tensão de ser um defensor solitário dos direitos dos deficientes?

Faça hoje mesmo alguma coisa para demonstrar que suas ações fazem diferença. Apresente-se como voluntário em um hospital público, para confortar bebês, filhos de mães viciadas... Distribua comida para pessoas sem-teto... Ensine um adulto a ler... Ensine uma mãe adolescente a cuidar do filho... Leve balões de gás a um asilo de idosos.

348

O que aconteceria se você ficasse amigo de um sem-teto e oferecesse alguma experiência que ele poderia não ter há muito tempo, que talvez nunca tenha tido? Como uma ida ao cinema ou a um salão de beleza faria uma pessoa que mora nas ruas se sentir? Especial? Importante? Valiosa? Lembre-se de que novas referências são o alicerce para novas crenças e novas identidades. **Lembre-se, também, de que pequenos esforços podem criar grandes resultados.**

Realize alguma coisa esta semana: decida agora o que vai fazer, planeje, e faça com que aconteça! Prometo que a recompensa de dar é muito maior do que qualquer esforço que você realize.

349

Nossas decisões cotidianas mudarão o mundo para as gerações futuras. **O que você coloca em seu prato no jantar? Que cosméticos usa? Que produtos domésticos você compra?** Essas escolhas de estilo de vida determinam de modo pequeno, porém inegável, quanto dióxido de carbono está sendo liberado na atmosfera e quantas espécies animais e vegetais serão eliminadas a cada dia.

Do mesmo modo, as decisões que você toma a cada dia podem ajudar a impedir a destruição de florestas, a restaurar o delicado equilíbrio de nosso ecossistema e a criar um legado de esperança para as próximas gerações.

350

Como podemos fazer diferença no futuro de nossos filhos? Primeiro, podemos assumir um papel ativo na determinação da qualidade de sua educação.

Será que os professores de nossos filhos poderiam se beneficiar do que você aprendeu neste livro? Considere a força das perguntas, das metáforas globais, do Vocabulário Transformacional, dos valores, das regras e do Condicionamento Neuroassociativo. Compartilhando o que você sabe, você realmente pode provocar impacto.

351

Poucas coisas podem ser mais perigosas do que deixar seus filhos caírem na armadilha de pensar que o que eles fazem não têm importância. **Ensine a eles as consequências de seus atos.** Mostre que até mesmo pequenas decisões e ações, realizadas com frequência, têm efeitos de longo prazo. *Como você pode ser um modelo inspirador hoje?* Como pode mostrar a eles o poder da dedicação, da integridade e do empenho? Como pode demonstrar o que é possível?

352

Nós não precisamos esperar até termos um plano grandioso para fazer diferença no mundo. Podemos provocar impacto num momento, fazendo pequenas ações, tomando decisões que frequentemente parecem insignificantes. É verdade que a maioria de nossos heróis está oculta atrás do que parecem ser pequenos atos realizados constantemente. Olhe ao redor. **Há heróis em toda parte.**

353

Como você se sentiria se alguém tivesse um ataque cardíaco na sua presença e você tivesse um curso de ressuscitação cardiopulmonar? E se os seus esforços salvassem uma vida?

O sentimento de contribuição que você receberia com essa experiência iria lhe dar uma sensação de realização e alegria maior do que qualquer coisa que você já sentiu — maior do que qualquer reconhecimento que alguém poderia lhe dar, maior do que qualquer quantidade de dinheiro que você poderia ganhar, maior do que qualquer realização que você poderia alcançar.

Faça um curso de primeiros socorros, para que você possa ajudar no momento em que surgir uma emergência.

354

Algo como um sorriso pode valer o dia de uma pessoa. E se você estivesse em um supermercado e, em vez de andar sem rumo entre as alcachofras e o talharim, percebesse e *reconhecesse* cada pessoa com um sorriso? **E se você cumprimentasse com sinceridade os estranhos?** Você poderia mudar o estado emocional deles a ponto de aquele sorriso ou cumprimento ser passado adiante para a próxima pessoa que eles encontrassem? Será que poderia haver um efeito dominó provocado por essa ação?

Como isso afetaria seu estado mental/emocional? E a sua própria identidade?

355

No caminho do trabalho para casa, que tal se você decidisse parar num asilo de idosos e conversar com um deles? Como essa pessoa se sentiria caso você perguntasse: **"Quais são as lições mais importantes que o senhor, ou a senhora, aprendeu na vida?"** Aposto que ele (ela) teria muita coisa a contar!

E se você parasse no hospital do bairro, visitasse um paciente e ajudasse a melhorar a tarde dele? O que acha que significaria para uma pessoa solitária ter um estranho que se importasse com ela? Como isso faria essa pessoa se sentir?

E, tão importante quanto isso, como essa atitude faria você se sentir — com relação a você mesmo e a esse dom que chamamos de vida?

356

Por que tantas pessoas têm medo de fazer até mesmo o menor esforço para ajudar os outros? Um dos motivos mais comuns é que elas ficam envergonhadas. Têm medo de serem rejeitadas ou de parecerem bobas. Mas sabe de uma coisa? **Se você quer entrar no jogo da vida e ganhar, precisa se expor.** Precisa estar disposto a sentir-se idiota e precisa estar disposto a tentar coisas que podem não dar certo. Caso contrário, como você pode inovar, como pode crescer, como pode descobrir quem você realmente é?

357

No âmago de nós mesmos todos queremos fazer o que achamos certo, ir além de nós mesmos, empenhar nossa energia, nosso tempo, nossa emoção e nosso capital em uma causa mais ampla. **Reagimos não somente às nossas necessidades psicológicas, mas também ao nosso imperativo moral de fazer mais e do que os outros possam esperar.** Nada nos dá mais satisfação pessoal do que a contribuição.

De que modo você se dá altruisticamente?

358

Você sabia que se todas as pessoas do país (a não ser os muito novos e os muito idosos) prestassem serviço voluntário, somente três horas por semana, **nosso país colheria as recompensas de mais de 320 milhões de horas de trabalho muito necessário** dedicado às causas que mais nos importam? E se cada um de nós contribuísse com cinco horas, o número saltaria para meio bilhão de horas, com um equivalente monetário chegando a trilhões.

Que problemas sociais, políticos ou médicos você acha que poderíamos resolver com esse tipo de empenho?

359

Não procure heróis. Seja um!

360

A vida é um equilíbrio entre dar e receber, entre cuidar de você mesmo e cuidar dos outros.

Na próxima vez que encontrar alguém com problemas, em vez de simplesmente ir adiante ou se sentir culpado por não poder ajudar, empolgue- -se com o que pode fazer. Talvez você possa oferecer alguma coisa simples como uma palavra gentil ou um sorriso que faça a pessoa pensar nela própria de um modo novo. Talvez você possa ajudar essa pessoa a se sentir apreciada e amada.

361

Aproveite a vida ao máximo. Experimente tudo. Cuide de você e dos amigos. Divirta-se, seja louco, seja excêntrico. Saia e bote pra quebrar! Já que a vida está aí, divirta-se! Aproveite a oportunidade de aprender com os próprios erros: encontre a causa de seu problema e elimine-o. **Não tente ser perfeito; simplesmente, seja um excelente exemplo de pessoa.**

362

Um dos maiores presentes que recebemos de nosso Criador é o dom da antecipação e do suspense. Como a vida seria tediosa se soubéssemos antecipadamente o que vai ocorrer! Daqui a pouco pode acontecer alguma coisa que mude toda a direção e a qualidade de sua vida num instante. Devemos aprender a amar a mudança, já que ela é a única coisa certa.

363

O que pode transformar a sua vida? Muitas coisas: um instante de pensamento profundo e algumas decisões enquanto você termina de ler este livro podem mudar tudo. O mesmo pode acontecer numa conversa com um amigo; assistir a um DVD; num seminário; num filme; ou num "problema" grande, suculento, gordo, que faça você se expandir e se tornar mais do que é. Este é o despertar que você procura. **Portanto, viva numa atitude de expectativa positiva, sabendo que tudo que acontece em sua vida vai beneficiá-lo de algum modo.** Lembre-se de que você caminha por uma estrada de crescimento e aprendizado infinitos, e, ao mesmo tempo, pela trilha do amor duradouro.

364

Lembre-se de esperar milagres... porque nós somos um.

365

Seja um portador da luz e uma força para o bem. Compartilhe suas dádivas; compartilhe sua paixão. E que Deus o abençoe. Espero conhecê-lo pessoalmente um dia desses!

Com amor e respeito,

Tony Robbins

AS COMPANHIAS ANTHONY ROBBINS

Como uma aliança de várias organizações que compartilham a mesma missão, as Companhias Anthony Robbins (Anthony Robbins Companies — ARC) dedicam-se a melhorar constantemente a qualidade de vida dos indivíduos e das organizações que verdadeiramente o desejarem. Oferecendo tecnologias de ponta para a administração das emoções e do comportamento humano, as ARC fortalecem os indivíduos para reconhecerem e *utilizarem* suas escolhas ilimitadas.

Para mais informações e uma lista completa dos serviços e produtos disponíveis, escreva (em inglês):

Robbins Research International, Inc.
6160 Cornerstone Court East
Ste. 200 San Diego, CA 92121 USA

Este livro foi composto na tipologia Minion Pro,
Regular em corpo 11/15, e impresso em
papel off-white no Sistema Cameron da
Divisão Gráfica da Distribuidora Record.